JN074274

改訂新版 教師のための
iPhone ＆ iPad
アイフォーン　　　　　　　アイパッド
超かんたん活用術

蔵満逸司 著

黎明書房

はじめに

　私が iPhone を使い始めたのは 2008 年 7 月 11 日。

　日本で iPhone が初めて発売された日だ。

　iPad は第 4 世代になって初めて購入したが，なぜもっと早く購入しなかったのだろうと後悔するほど便利な道具だった。

　私にとって，iPhone と iPad は教師生活においても私生活においても欠かせない道具だ。

　iPhone と iPad でできることは実に多い。

> 1　文字，音声，写真，動画を入力し保存することができる。
> 2　情報をインターネットを通じて送信したり受信したりすることができる。
> 3　情報をインターネットを通じて広く公開することができる。
> 4　情報を編集し保存することができる。
> 5　本体の画面だけでなく大型テレビにも情報を表示することができる。
> 6　メールや SNS（Facebook など）を通じて，全国の人たちと交流することができる。
> 7　入力した情報やインターネットで収集した情報を，印刷することができる。
> 8　書籍や物品を，時間や地理的条件の制約を受けずに購入することがてきる。

　パソコンを持ち歩かなくても，こうした活動が自在にできるようになったのだ。

　iPhone ならではの魅力もある。

> 1　電話機として使用することができる。（iPad はアプリを使うことで電話機として使用することもできるが，もともとは電話機能はついていない。）
> 2　小型なので持ち運びが楽にできる。

　iPad ならではの魅力もある。

> 画面モニターが大きいので，操作しやすいし視聴もしやすい。また音量も大きい。

　本書では，教師が iPhone と iPad の機能を有効に使い，授業や学級経営など教育活動全般に活用するための手立てを具体的に示した。

　＊本書は，2016 年 2 月時点の情報に基づき執筆された先の版を，2021 年 10 月時点の情報で見直し，記述や写真等を改めました。

　2021 年 11 月 1 日

蔵満逸司

目　次

第1章　文章や写真を活用する

第2章　文章や写真を共有する・見せる

第3章 教材を集める・活用する

第4章 SNS を活用する・情報を公開する

第5章 授業に使えるおすすめアプリ

iPhone・iPad　用語集①

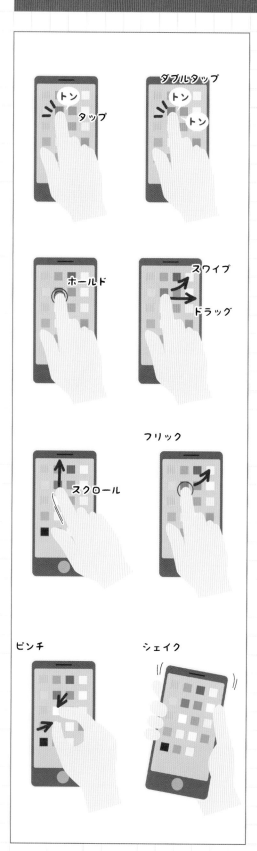

①タップ
画面を指で軽くたたくこと。アプリを開くときなどに使う。

②ダブルタップ
画面を指で二回連続で軽くたたくこと。写真を一気に拡大するときなどに使う。

③ホールド
長押しすること。画像のコピーや保存をするときなどに使う。

---

④ドラッグ
画面を指で軽くたたき，そのまま画面から離さずに画面上を移動させること。ホーム画面のアイコンを移動するときなどに使う。

⑤スワイプ
指を画面にふれたまま滑らせること。画面の前後移動などに使う。

⑥スクロール
指を画面にふれたまま滑らせてから離すこと。表示部分を上下左右に移動させて，表示されていなかった部分を画面に出すこと。

⑦フリック
指で画面を押してから，さっと弾くように動かすこと。写真の表示を切り替えるときなどに使う。

---

⑧ピンチ
画面を2本の指でつまむこと。画像や地図などを拡大したり，縮小したりするときに使う。2本の指をせばめて縮小することをピンチイン，2本の指を広げて拡大することをピンチアウトという。

---

⑨シェイク
iPhone や iPad の本体を軽く振ること。
文字入力など直前の操作を取り消すボタンが表示され，押すと取り消すことができる。

iPhone・iPad　用語集②

①アイコン
画面上に表示される小さな絵（記号）のこと。アイコンをタップするとアプリが開く。

②アプリ
アプリケーションソフトウェアの略。個人や会社が制作したもので，仕事に役立つアプリ，ゲームができるアプリなどがある。

③同期
複数のスマートフォンやパソコンで，データを同一の状態にすること。

④バックアップ
紛失や故障の時に困らないよう，他の機器やネット上にデータの予備を取る目的で保存すること。

⑤ Siri
Apple社が開発した音声認識アシスタント機能。言葉を認識しアプリケーションソフトを起動したり，質問に答えたりする。

⑥ iCloud
Apple社が提供するクラウドサービス。インターネット上にデータを保存し，どの端末からでもデータを見たり編集することができる。

⑦アカウント
IDとパスワードなどの重要な個人情報。

⑧ PDF ファイル
アドビが開発した電子ファイルの文書形式，作成した機器に関係なく，他の機器でも作成された通りの文書を見ることができる。

⑨ブログ
日記形式のウェブサイト。スマートフォンからも簡単に更新できる。

⑩ iOS
iPhoneやiPad，iPad mini，iPod touchに搭載されているオペレーティングシステム（OS）。基本性能や基本アプリを動かしている。

⑪ App Store
iPhone，iPad touch，iPad向けのアプリをダウンロードする際に使うアプリ。

⑫ iTunes（アイチューンズ）
iPhoneとiPadなどで音楽やビデオなどのデータを同期することができる無料ソフト。

⑬ iTunes Store
iPhoneから音楽やビデオが購入できるApple社が運営するストア。

⑭ iTunes Card
App StoreやiTunes Storeの有料サービス購入時に使えるプリペイドカードでコンビニなどで販売されている。

⑮テザリング
iPhoneをWi-Fiルーター（装置）の代わりとして使用することで，他の機器でインターネットを使えるようにすること。

⑯ Lightning コネクタ
充電や外部機器との接続に使用するApple社独自のケーブル接続端子。

⑰ Wi-Fi（ワイファイ）
数十メートル程度の範囲内で高速データ通信ができる無線LAN。

⑱スリープ
iPhoneがロックされている状態のこと。画面は消えていても，着信や音楽再生ができる。

⑲ Safari（サファリ）
インターネットを閲覧するためのブラウザ。

⑳オンライン
インターネットに繋がっている状態のこと。繋がっていない状態はオフラインという。

㉑インストール
iPhoneやiPadでアプリを使える状態にすること。

㉒アンインストール
iPhoneやiPadからアプリを削除すること。

㉓アップデート
アプリを最新の状態にすること。

本書の使い方

① 本書で使用している iPad の iPadOS と ,iPhone の iOS について

本書の執筆に使った iPad の iPadOS と，iPhone の iOS は共に 2021 年 10 月 11 日にリリースされた 15.0.2 です。

＊ ios は，アップル社が開発した携帯機器の基本ソフト。iPad，iPhone に内蔵され，携帯機器の使い勝手をよくしています。

② アプリ情報について

Ⓐ 常用漢字筆順辞典
Ⓑ NOWPRODUCTION CO., LTD

Ⓒ

漢字 2411 文字とひらがな，カタカナの筆順を一画ずつ確認できる。個別指導にも使える。FREE 版と有料版がある。 Ⓓ

Ⓐ **アプリの名前**

この名称で検索すると見つけやすい。

Ⓑ **著作権者**

アプリの権利を持つ会社，もしくは個人。

Ⓒ **アプリの画面**

Ⓓ **アプリのワンポイント解説**

＊価格について

価格はアプリによって違います。アプリの説明をよくお読みの上ご利用ください。

※本書は 2016 年 2 月時点の情報で執筆された先の版を 2021 年 10 月時点の情報で見直し

大幅に改訂したものです。アプリは非公開になったり，内容や金額が変更されたりすることがあります。ダウンロードは自己責任でお願いします。

＊ iPhone と iPad の両方で使えるアプリには，特に明記してありませんが，どちらか限定で使えるアプリについては【iPad 専用】【iPhone 専用】のように表記してあります。

③ アプリの料金の支払いについて

有料アプリや無料アプリの機能を充実させるための App 内課金の料金の支払い方法は 2 つあります。

1 つは，アカウント作成時に登録するクレジットカードからの支払いです。

もう 1 つは，コンビニなどで iTunes Card（App Store Card）と呼ばれるプリペイドカードを購入し，アカウント管理画面で購入したカードのコードを登録して支払う方法です。

登録したクレジットカードから自動的に支払う場合は，購入が簡単に行えるので，金銭感覚が麻痺しないように気を付けることが必要です。

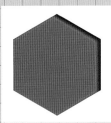

iPhone や iPad でできること①

◆ 教師の仕事編

　写真の撮影と保存，メールの送受信，ウェブ検索と閲覧，音楽の保存と再生，電話など，iPhone や iPad でできることがたくさんあります。

　アプリを効率的に使うと，教師の仕事がより楽しく，充実したものになります。

　例えば……。

● 学校周辺の天気を知りたい
　　→『Windy.com』で調べる。(p.75)

● 会議の記録を取りたいけど，キーボード で入力すると目立ちそう
　　→『7notes SP』なら手書き文字がテキストになる。(p.12)

● 三葉虫の化石が欲しい
　　→『ヤフーオークション』で探す。 (p.56)

● 全国の民謡を子どもたちに踊り付きの動画で見せたい
　　→『YouTube』で検索する。 (p.46)

● 生活科で育てた野菜を使ったレシピを知りたい
　　→『クックパッド』で調べる。 (p.78)

● 図工でいろいろな色を見せたい
　　→『カラーガイド』で日本の伝統色も紹介できる。(p.76)

● ワードで作成した提案文書を編集したい
　　→『Microsoft　Word』で編集する。(p.18)

● 写真を効果的に使った学級通信を作りたい
　　→『pages』で編集する。(p.24)

iPhone や iPad でできること②

◆ 教師の生活編

　iPhone や iPad は，日常生活のいろいろな場面で役に立ちます。電話はもちろん，デジタルレコーダー，カメラ，カーナビ，電卓，デジタル音楽プレーヤー，メモ帳としても使えます。持っている機能は幅広く奥深いものばかりです。

　例えば……。

● 参考図書などを古本で探したい
　→『アマゾン』で新書も古本も購入できる。(p.56)

● 車で運転しながら落語を聞きたい
　→『YouTube』で落語を検索する。(p.46)

● 昔の友人と連絡をとりたい
　→『Facebook』で検索する。(p.60)

● 夏目漱石の作品を読みたい
　→『青空文庫』で古典を無料で読む。(p.72)

● 撮った写真を子どもたちや同僚にプレゼントしたい
　→『しまうまプリント』でアルバムにする。(p.26)

● 撮った写真 200 枚を遠方の知人に送りたい
　→『Dropbox』で共有する。(p.34)

1

文字や写真を
活用する

1 ワイヤレスキーボードで入力する

iPadの入力もキーボードを使うと便利。

機種によっては純正のMagic KeyboardやSmart Keyboard Folio, Smart Keyboardが使える。これらが使えない古い機種やiPad miniでも, Bluetoothキーボードが使える場合があるので, 対応しているワイヤレスキーボードを探して使うと手放せなくなる。

下に紹介したのは, iPad(第4世代)の例。

1 通常は画面上のキーボードから入力する

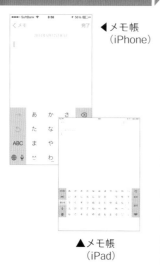

▲メモ帳
(iPhone)

▲メモ帳
(iPad)

単語や短い文章の入力程度なら, それほどの負担は感じない。

2 BluetoothがiPhoneやiPadとキーボードを無線でつなぐ

Bluetooth®

Bluetooth(ブルートゥース)とは, 現在よく使われているデジタル機器用の近距離無線通信の規格である。数メートル程度の距離で, デジタル機器間を無線で通信できる。音声やデータ, 音楽などの大容量データのやり取りなどにも使われる。線でつなぐ必要がないからとても便利で, いろいろな機器間で使われている。iPadに内蔵されている。

3 ワイヤレスキーボードを購入する

iPhone・iPadに対応しているワイヤレスキーボードを購入する。
複数の会社から販売されているので, 機能, 大きさ, 色などを比較して目的に合わせて選ぶ。
携帯して使うのなら小さい方がよい。
自宅または勤務先に置いて使うのなら大きい方が使いやすい。二つに分かれていて, 使う時に組み立てて使うセパレートタイプも持ち運ぶには便利だ。

4 ワイヤレスキーボードを準備する

筆者が使っているのは，Bluetooth®3.0 class2 に対応したバッファローのワイヤレスキーボード BSKB B14WH である。
二分割されているので，つないでロックする。

5 ワイヤレスキーボードを登録する①

ホ ー ム 画 面 → 設 定 → Bluetooth

6 ワイヤレスキーボードを登録する②

Bluetooth 〈オン〉

7 ワイヤレスキーボードを登録する③

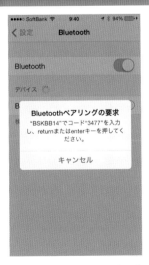

〔コードナンバーが出る〕→〔キーボードでコードを入力する〕→〔キーボードの return キーを押す〕

8 登録が終了する

「接続されました」が表示されると，使える状態になる。

9 ローマ字で入力する

入力はローマ字入力が基本である。
ひらがな入力もできるが一部対応していないキーがあることもあるので確認する必要がある。

↑
タッチパッド

バッファローの BSKBB23 BK にはタッチパッドが付いているので，カーソルを指で自由に移動させられる。
タッチパッドを叩けばクリックもできる。

Apple Pencilなどのペン型入力デバイスで，iPadに文字入力をする姿は，ボールペンでノートにメモをしている姿と何ら変わりはない。iPadに気がついた人がいたとしても，専用ペンで入力された手書きの文字が自動的にテキスト（データ）に変換されているなんて，だれも気がつかない。講演や授業の記録をとるのにも使える。

▲ ibis Paint X に Apple pencil で書いた板書計画（金城静姫さん作）

ibis Paint X
ibis inc.

1	「7notes SP」をインストールする
2	「7notes SP」に手書き文字を書く
3	「7notes SP」のテキストデータを保存する

「7notes SP」は手書き文字をテキストデータに変換するアプリ。キーボード入力より文字入力が得意だったり，キーボード入力では目立つから嫌だという方におすすめ。
インストールの方法は69頁を参照。

7notes SP
MetaMoJi Corporation

手書き文字を活字に変換する「交ぜ書き入力」，手書き文字がそのまま入力できる「書き流し入力」，「キーボード入力」の3種類から選択できる。

入力したデータは，様々な方法で活用することができる。
「メールで送る」時は，テキスト，PDF，JPEG，7noteドキュメントなどのデータ形式（拡張子）が選択できるので目的に合わせて選ぶことができる。

4 「Penultimate」をインストールする

Penultimate
Evernote
【iPad 専用】

5 「Penultimate」の書式を選択する

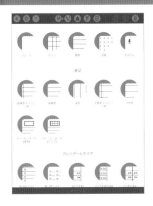

用紙は，プレーン（白紙），横罫，方眼など用意されている多数の書式から選択する。

6 「Penultimate」に入力する

例えば，見学先で撮影した写真を挿入し，手書きメモを書き加えることができる。ペンの色は 10 種類，ペンの太さも変えられる。

7 「Evernote」は広範囲な仕事をやりこなす総合アプリ

Evernote
evernote

8 「Evernote」で iPhone や iPad とパソコンをつなげる

パソコンで開いた Evernote に新しいノートを作成すると，同じアカウントでログインした iPhone や iPad の Evernote と同期されるので，読むことはもちろん修正することもできる。

9 「Evernote」に写真や音声など添付ファイルを追加する

「音声」を選択すると録音可能な状態になる。
音声メモを追加できるのは，入力する時間がないときでも記録を残せるので，とても便利な機能だ。
後で聞いて文字化することができる。

3 音声で入力する

音声入力ソフトの精度は，昔とは比べものにならないほど高くなっている。

文書作成に使えるアプリだ。

授業でも，音読指導で子どたちに自分の発音を意識させるために使ったり，インタビュー形式で意思表示をさせテキストで保存したりするなど活用することができる。

教室に iPhone を置いて録音するだけで授業記録がテキスト化される日もいつか来るに違いない。

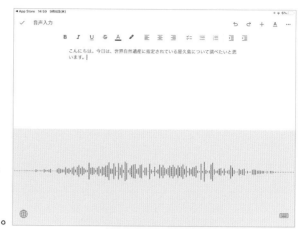

Dragon Dictation
Nuance Communications

---

1 音声入力を可能にする
メモ帳で録音ボタンを

ホーム画面で，設定→一般
→キーボード→音声入力
〈on〉

2 タップする
音声入力する

メモ帳→新規→🎤

3

🎤→話す→完了
音声認識の結果が表示される。

4 音声入力はインターネット接続がなくても可能

iphone 6 s 以降や iPad では，インターネットに接続していない状態でも音声入力が可能。機内モードにして，気が散らない環境をつくって音声入力で考えをまとめることができる。

5 「,」「。」を入力したり改行したりする

読点の「,」は「てん」，句点「。」は「まる」で入力される。改行は「かいぎょう」と言う。

6 記号も音声で入力する

? 「はてな」
「 「かぎかっこ」
」 「かぎかっことじ」
: 「ころん」
(「かっこ」
) 「とじかっこ」
< 「しょうなり」
> 「だいなり」
* 「あすたりすく」
★ 「くろぼし」
① 「まるいち」
' 「くぉーてーしょん」
& 「アンド」
¯ 「ちるだ」
▼ 「ぎゃくくろさんかく」

7 メールを音声入力で送る（1）

〔ホームボタンを長押しする〕→ iPhone「御用は何でしょう」→「メールを書く」

8 メールを音声入力で送る（2）

iPhone に「誰に送信しますか」「メールの本文はどうしますか」と聞かれるままに答える。

9 会議や打ち合わせの文字起こしアプリ

Notta は，音声の録音と文字起こしを行う AI 音声認識アプリ。月に2時間までは無料。授業記録の文字化にも使える。

名刺や文書をスキャナーで保存する

　名刺をもらっても，放置していると，必要な時にいくら探しても見つからない。

　名刺の整理はアプリがおすすめだ。

　名刺をカメラで撮るだけ。

　名刺専用の文字認識アプリを使うと，ほぼ正確にデータ入力される。

　アプリ「Eight」を使うともらった名刺をカメラで撮るだけで細部までデータ化される。

Eight
SanSan, Inc.

1 スキャナーアプリをダウンロードする

ターボスキャン
Piksoft Inc.

2 書類を撮影する

なるべくゆがみが出ないように撮影することがポイント。

3 切り取る①

必要な部分を選んで指定する。

4 切り取る②

写真の中の文字部分を選択
し右上の Done で指定する。

5 濃さを選択する

指定した範囲が掲示される。
濃さを下のサンプルの中か
ら選択する。

6 保存する

Save to Camera Roll →写
真
カメラロールに保存される。

7 PDF ファイルにして メールで送る

NEXT → ⬆ → Email as
PDF →宛先を入れて送信。

8 ためしに自分に送って みる

PDF ファイルが添付され
たメールが届く。

9 PDF ファイルを開く

切り抜かれた情報を PDF
ファイルで読むことができ
る。

5 文書を読む・作成する・保存する

iPhone と iPad とパソコンで同一の文書を共有し，それぞれで編集可能な状態にしたいのなら，テキスト形式か Word 形式で作成し，マイクロソフトのオンラインストレージサービス OneDrive などに保存する。

パソコンで作成した一太郎文書も Word 型式かテキスト形式または PDF 形式で保存すると，それぞれのデバイス（パソコンや iPhone，iPad など）で見ることはできる。

一太郎文書のままでは，読むことも編集することもできないので注意が必要。

一太郎文書は PDF 型式で保存すると Dropbox でも見ることができる

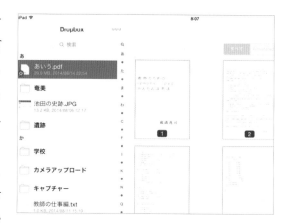

1 iPhone で Word 文書を作成する

Microsoft Word
Microsoft Corporation

2 iPad で Word 文書を作成する

iPad の画面は広いので Word 文書作成も楽に行える。

ワイヤレスキーボードと組み合わせるとパソコンでの入力に近い作業になる。

アプリは iPhone 用と同じだ。

3 Word 文書を使うなら『OneDrive』が便利

Microsoft アカウントを取得すると，ウェブ上の Word，Excel なども使うことができる，無料の Web メールサービス Outlook.com を使えるなど様々なサービスが用意されている。

また，Microsoft アカウントを取得すると，5 GB まで無料でオンラインストレージサービスを利用することができるから，Word，Excel などを「OneDrive」で同期させることができる。

4 マイクロソフトアカウントを取得する

「Microsoft アカウント」で検索すると登録の説明と登録の手順がわかる。
メールアドレスまたは電話番号とパスワードを設定するだけでアカウントが取得できる。

5 iPhoneで作成したWord文書を『OneDrive』に保存する

名前を付けて，『OneDrive』に保存する。保存場所はiPhone本体，Dropboxなども選択できる。

6 『OneDrive』に保存した文書をiPadで開く

iPadの『OneDrive』を開いて文書名を選択しタップすると原文通りに見ることができる。編集も可能なので，iPhoneでやりかけた仕事をそのままiPadで続けることもできる。
パソコンでも『OneDrive』を開くと同様に編集できる。

7 パソコンで作成したWord文書をiPhoneとiPadで読む

パソコンで『OneDrive』を開き，アップロードを選択し，アップロードする文書を選ぶ。これで，同じWord文書をiPhoneとiPadで開いて読むことも編集することもできる。

8 エクセル文書もiPhoneやiPadで作成できる

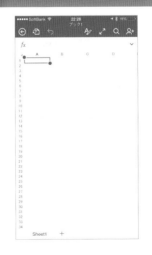

Microsoft Exel
Microsoft Corporation

9 パワーポイントもiPhoneやiPadで作成できる

iPhoneにも対応しているアプリだが，画面が広いiPadでの利用がおすすめ。

Microsoft Power Point
Microsoft Corporation

6 教材用の写真を撮る

桜島は，鹿児島県のシンボルの一つで，誰もが親しみを感じる山だ。桜島をいつも見ている子どもたちに右の写真を見せると，桜島だと思わない子が結構いるから面白い。

桜島は見慣れていても，ここまで雪化粧をした桜島は数年に一度しか見られないからだ。どこか北にある山だと思うのも無理はない。

見慣れている身近な光景でも，特別な天気の日，祭りの日，夜明けや日が沈む頃といった特別な条件下だと，子どもたちが興味を持つ写真が撮れる。

1 地元の文化財は計画的に撮影する

鹿児島県姶良市の凱旋門

奄美市にある奄美群島日本復帰の父，泉芳朗の像

地域の文化財の写真は，社会科や総合的な学習だけでなく，図工や道徳の教材としても価値がある。

2 工場などでは作業手順がわかるように撮影する

（例）黒砂糖ができるまで

観光旅行や出張などで工場を見学する機会があれば，作業の流れを細かく撮影しておくと子どもたちに説明しやすい。

3 子どもたちに大人気の地元ゆるキャラを撮影する

鹿児島PRキャラクター

"ぐりぶー（左）とさくら"

鹿児島市指宿市のゆるきゃら "たまらん3兄弟"

鹿児島県伊佐市のゆるきゃら "イーサキング"

4　子どもが興味を持ちやすい動物の写真を撮る

鹿児島市の平川動物園で見られる夏の風物詩。白熊に氷のプレゼント。地元動物園の動物は撮影しておきたい。

5　家庭科や社会科で使える郷土料理の写真を撮る

とびんにゃ

かつおぶし

両棒餅（じゃんぼもち）

地元の郷土料理は食べたり見たりした時に撮っておく。

6　社会や総合的な学習に使える地元の自然を撮る

すももの花
大和村

大浜海岸の夕陽
奄美市

開聞岳
指宿市

自然は，特徴的な物や場面を逃さず撮りたい。

7　使い道の多い身近な動物・昆虫・植物の写真を撮る

ハイビスカスとツマグロヒョウモン

アマミノクロウサギの糞

キノボリトカゲ

理科や総合的な学習だけでなく，学級通信に使ったり，教室設営に使ったりと使い道が多い。

8　何に使うのか聞きたくなるような道具の写真を撮る

さとうきびの皮をむく道具

捕獲したハブを入れる箱

特別な道具には，人間の知恵や地域の特性が反映されていることが多い。子どもの思考力を高める教材にもなる。

9　気になる看板・標識の写真を撮る

指宿市：浜児ヶ水

宇検村：湯湾岳山頂

枕崎市：枕崎駅

"日本一""最南端"などの表示は，子どもたちの知的好奇心を刺激する。地名や数字の表現にも興味深いものがあれば撮っておく。

21

7 写真を整理する

撮影した写真は，ライブラリに保存されます。「すべての写真」では撮影日順に写真が並んでいます。探したい写真の撮影時期がわかっていると，西暦の年別・月別でも検索が可能です。「２０２１年運動会」「平川動物園」「春の花」などのタイトルをつけて「アルバム」にまとめておくと探しやすくなります。ビデオ・セルフィー（自撮り）・スクリーンショットから探すこともできます。

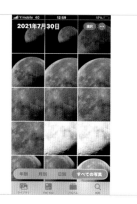

▲ iphone の写真アプリ

セルフタイマー
カメラ
Ryuji Kishi Listener Amusement

1 撮った写真は撮影順に「写真」に保存される

写真を選んで，右上の編集をクリックすると，露出やコントラストなどを調整することができる。

2 時間順に保存されている写真を「アルバム」で分類する

写真→アルバム→（＋）→（新規アルバムの名前を入力する）→保存→（写真のなかから新しいアルバムに保存する写真を選ぶ）→完了

3 アルバムを作成すると必要な写真を見つけやすい

4 写真をメールで送る〜
写真を選択する

〔写真を選択する〕→ □

5 写真をメールで送る〜
選んだ写真を指定する

「メールで送信」をタップ
する。

6 写真をメールで送る〜
メールを送信する

件名と宛先を入力する。

7 バーストモードとは,
iPhone で可能な連続
撮影のこと

iPhone のカメラアプリを
立ち上げシャッターを長押
しする。

8 連写した写真から必要
な写真を選択する

保存されている連写の写真
から必要な写真を選んで
タップすると,お気に入り
写真になる。

9 残りの写真の扱いを決
める

連写した写真のなかで選択
した「5枚のお気に入りの
み残す」か「すべて残す」
かどちらかを選択する。
全部の写真を残すと時間も
容量も必要になる。
私は,この段階で必要な写
真に限定して保存すること
にしている。

8 写真を使った学級通信を作る

写真を使った学級通信は人気がある。

「Pages」を使うと写真やイラストを入れた学級通信を作成できる。

イラストは，学級通信に使っても構わないフリーのイラストのなかから選ぶ。

コピーしてペーストすると貼り付けられるので，サイズと位置を決めたら完成だ。

コピーもペーストも，選択肢が表示されるまで写真を長押しするのがポイントだ。

▲ おすすめウェブサイト「かわいいフリー素材集いらすとや」 http://www.irasutoya.com/

1 「Pages」を購入しインストールする	2 新規作成から始める	3 写真・図形・表などを入力する
		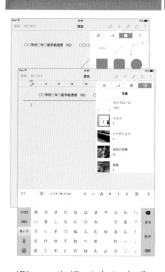
Pages iTunes K.K.	「新規作成」で開いたページに文字を入力していく。サンプルを修正する方法もある。	iPhone や iPad 内にある写真を簡単に取り入れることができる。

24

4 文字の配置・サイズ・フォントなどを選ぶ

アイコンを見ると直感的に操作できる。

5 全体を見て確認し仕上げる

文字のみの書類やポスターなども簡単な操作で作成できる。

6 レイアウトで文字の列数を設定することもできる

レイアウトで指定した場所を2列や3列の文に変えることができる。

7 別の App で開く

PDF や Word 型式に簡単に変換できる。

8 書類単位でパスワードを設定することができる

必要な文書にはパスワードを設定する。

9 メールで送信する

PDF や Word などフォーマットを選択してメールで送信する。

9 文書や写真を印刷する

　文書印刷がコンビニで簡単にできる。セブンイレブンだと「かんたんプリント」をインストールする。

　アプリを開き，右下の「＋」をクリック。「文書ファイルを選ぶ」か「他のアプリから操作」を選ぶ。「他のアプリから操作」を選ぶと，印刷したい文書の種類や保存されている場所ごとに詳しい印刷方法が表示される。

かんたん netprint
FUJIFILM Business Innovation Corp.

---

1 無線でプリンター印刷する① 写真や文書を指定する	**2** 無線でプリンター印刷する② プリンタを選ぶ	**3** ネットで印刷依頼をする① アプリをインストール

ホーム画面→写真→〔写真を選択する〕→ ↑ →プリント

無線で印刷できるのは「AirPrinter」に対応しているプリンターのみ。
iPhone や iPad とプリンターが同じ Wi-Fi ネットワークに接続されていることが条件。

ネットプリントの会社から，単価，送料，日数，用紙などを見て選び必要なアプリをインストールする。

しまうまプリント
SHIMAUMA PRINT, Inc.

4 ネットで印刷依頼をする② アプリで簡単依頼

iPhone や iPad 内の写真を選択。クレジットカード・コンビニ支払い・代引きなどの支払い方法がある。

5 コンビニで印刷する① シャープの機械で印刷

「ネットワークプリント」をインストールし登録する。印刷したい写真を登録する。コンビニの機械でネットワークプリントを選びログインし印刷する。ローソン，ファミリーマート，サークルKサンクスに対応。印刷は有料。

ネットワークプリント
Sharp Corporation

6 コンビニで印刷する② 富士ゼロックスで印刷

「netprint写真かんたんプリント」をインストールして登録する。写真を登録しコンビニで予約番号を入力し印刷する。写真以外の文書などは「netprint」で印刷する。セブンイレブンに対応。印刷は有料。

かんたん netprint
FUJIFILM Business Innovation Corp.

7 パソコンで印刷する① 無線で共有する

iCloud，onedrive，Dropbox などのシステムを使って写真や文書を共有すると，パソコン内の写真と同じようにそのまま印刷したり，ワープロ文書に貼り付けて印刷したりすることができる。

8 パソコンで印刷する② Lightning ケーブルを使う

iPhone を Lightning ケーブルでパソコンに接続し，写真を整理するのに通常使っているソフト（例えば Adobe Photoshop Elements）に取り込む。あとは，パソコン内のデータとして自由に印刷することができる。

9 パソコンで印刷する③ メールで送信し印刷する

「Pages」で作成した文書の場合→ツール・共有とプリント→コピーを送信→メールで送信→フォーマットを選択→宛先を指定→送信。写真も文書もメールに添付してパソコンに送信すると，パソコン内のデータとして自由に印刷することができる。

◀ 集中する
顔もいい

▲ 笑顔が一番

▲ その時の思い出を一枚の集合写真に

　iPhone を使い始めると，特別な時以外は学校で一眼レフカメラを使わなくなった。

　たいていの場面では iPhone で十分な写真が撮れるからだ。

　L サイズや 2L サイズならとてもきれいに仕上がる。軽いので持ち運びが簡単だ。

　それだけではない，インターネットを通じて印刷を依頼することができる。「しまうまプリント」などでアルバムにするといいプレゼントにも記録にもなる。

　有線接続や無線接続で大型テレビに iPhone から写真も動画も写すこともできる。iPhone5S からは，連写もできるようになった。

　私が意識して撮影しているのは次のような写真だ。

①子どもの感情を読み取れる写真

　　笑顔や真剣な顔は本人も親も見て嬉しいものだ。

②図画作品などの作品と子どもをセットにした写真

　　忘れずに撮影しておくと評価にも役立つ

③学級や班などの集合写真

　　集合写真は，学級に貼ったり，学年末に子どもたちにプレゼントする時に役立つ。

④授業中の子どもの写真

　　自分では撮る機会が少ないので，研究授業や参観日に依頼して撮影してもらう。

⑤季節感がある写真

　　花，雪，行事など季節感がある写真は，作文や俳句短歌づくりに役立つ。子どもの写っていない校内の自然も撮影するようにしている。

⑥管理職や専科担当の教諭など担任以外の教職員と学級の子どもたちの写真

　　いろいろな機会に撮影して子どもたちの手紙に添えてプレゼントするなど活用している。

2

文章や写真を
共有する・見せる

1 メモを iCloud で共有する

校内交通教室で，自転車検定をすることになり，交通安全に関する〇×クイズを作成した。

いろいろな資料を参考にしたが，iCloud のメモ帳に少しずつ案を書き込み完成させた。

出張先では iPhone のメモ帳に，職員室では iPad のメモ帳に，最終的にはパソコンのメモ帳で仕上げた。

iPhone のメモ帳，iPad のメモ帳，パソコンのメモ帳がインターネットにつなぐと常に同じ内容に同期されているからできることだ。

1 無料の Apple ID を作成する	2 iCloud の容量を設定する。iCloud アドレスを作成する	3 たくさんの情報の中から同期する情報を設定する

iPhone などのデバイスを最初に設定する時に Apple ID を作成する。後から App Store でも設定可能。

iCloud は 5 GB まで無料。必要な場合は，有料でアップグレードする。

iCloud を使って共有する情報を設定する。いつでも変更可能。

4 アカウントで使い分ける

トップ画面→メモ→アカウント。
iPhone の場合，iPhone と iCloud のように複数のアカウントが設定可能。

5 メモを出す

トップ画面→メモ帳→アカウント→ iCloud →新規
iCloud メモ帳が開き，入力できる状態になる。

6 文字を入力する

iCloud のアカウントでメモを作成する。

7 パソコンに iCloud をインストールする

Apple の ウェブ で iPad・iPhone を 選 び iCloud を インストールする。
Windows パソコンの場合は，Microsoft Store から Windows 用 iCloud をダウンロードする。

8 パソコンでメモ帳を開く

トップ画面→メモ→ iCloud のアカウント
これで過去に作成したメモが開く。

9 メモをメールで送る

作成したメモは，メッセージやメールで送信できる。
AirPrint 対応のプリンターで無線印刷もできる。

2 スケジュールも iCloud で共有する

　一日のスケジュールを iCloud のスケジュールに入れてみた。

　スケジュールを細かく決めると，どうにかそれに合わせようという気になる。

　iCloud のスケジュールに通知設定をすると，指定した時刻にメールで教えてくれる。

　スケジュールのなかで特に大切なものは，『あとマル』のようなカウントダウン系のアプリに登録してみよう。

　あと何日と何時間何分何秒まで表示するから，やる気が出たり，あせったり，わくわくしたりすることができる。

あとマルカウントダウン
tadashi atoji

---

1 スケジュールを同期設定する

設定 → iCloud → カレンダー〈on〉

2 新規イベントを登録する

トップ画面→カレンダー→「＋」→イベントを追加→〔タイトル・場所・時間帯などを入力する〕→完了

3 1日単位で表示する

イベント登録時に，ジャンル指定ができる。
色はジャンル毎に7色のなかから指定できる。

4 通知を設定する

ホーム画面→カレンダー→
「＋」→〔タイトルなどを
入力する〕→通知→イベン
ト通知→〔設定する〕
指定した日時にイベント情
報を受け取ることができる。

5 表示設定をする

イベントを仕事やプライ
ベートなどジャンルごとに
分けることができる。
カレンダーに表示するイベ
ントをジャンル毎に設定で
きる。

6 カレンダーの表示方法を設定する

iPad やパソコンでは，日
単位，週単位，月単位まで
行事名入りで表示できる。
iPhone では，日単位か週
単位にすると行事名も表示
される。

7 メール，メモから設定する

メールやメモに日付が入っ
ていると，クリックしてイ
ベント作成が可能

8 iCloud メンバーと共有する

カレンダーの種類を選んで
他の iCloud メンバーと共
有することが可能

9 スケジュールを公開する

ホーム→カレンダー→カレ
ンダー→編集→〔公開する
カレンダーを選ぶ〕→〔共
有する相手を選ぶ〕→追加
→完了
公開カレンダー機能でメー
ルを送った相手に公開でき
る

3 Dropbox で写真を共有する

Dropbox は，写真・ドキュメント・動画ファイルを，登録した iPhone やパソコンなど複数のデバイスで，共有できる iCloud サービスの一つ。

私は，主に写真と書類を同期させている。

自宅，職場，出張先などで必要な写真や資料を見ることができるので便利だ。2Gまでは無料で使えるし，友だちに紹介することで容量が増える。

Dropbox プロ，ビジネス向け Dropbox など有料で大容量を使うことができるサービスもある。

▲ いろいろなデバイスやアプリと同期させて使う。

Dropbox
Dropbox, Inc.

1 Dropbox を iPhone にインストールする	**2** 新しいアカウントを作成する	**3** 写真を共有したいパソコンに Dropbox アプリをインストールする

ネット上にある不思議な箱のイメージ。

インストールしたら，自分のアカウントでログインする。パソコンと iPhone で Dropbox 内の情報が同期される。

iPad にも Dropbox アプリをインストールすると，iPhone とパソコンと iPad が同期される。

4 iPhone で撮った写真を Dropbox に保存する	**5** 写真の処理方法一覧を出す	**6** 保存するフォルダを選ぶ

iPhone で撮った写真から Dropbox に保存する写真を選ぶ。

下の方にある Dropbox を選択する。

Dropbox のフォルダから保存先を選んで [保存]。

7 パソコンの Dropbox から共有した写真を見つける	**8** パソコン内の写真を Dropbox で共有する	**9** Dropbox で他の人と情報を共有する

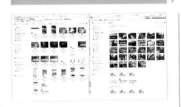

パソコンのトップ画面から Dropbox を立ち上げて写真を探す。
共有が成功していると写真が見つかるので，後は，パソコン内にある他の写真と同じように使うことができる。

パソコンで Dropbox を開く。次にパソコン内の写真を開いて同期したい写真を Dropbox に移動する。
実際はパソコン内から消去されないので，コピーすることになる。
後は，同じアカウントであれば iPhone，iPad や他のパソコンで開くことができる。

共有したい情報を表示→ →メールで送信→メールの書式が立ち上がる→〔宛名を入力〕
メールを受け取った相手は，メールを開きアドレスをタップすると送られてきた情報を見ることができる。

35

4 教室のテレビとつないで写真を見せる

iPhone や iPad と大型テレビを有線でつなぐ場合は，「Lightning Digital AV アダプタ」と HDMI ケーブル。

テレビにいつもつないでおくと，準備が楽だし，どこだったかと探す必要がなくなるからおすすめだ。VGA 端子の差し込み口（ミニ D-Sub15 ピン）がついている古いパソコンのディスプレイやプロ

▲ テレビ側は HDMI 端子の一つを使う

ジェクターと直接接続する時は，「Lightning VGA アダプタ」と VGA ケーブルが必要になる。

---

1 必要な物 ▶ **2 新規アルバムを作る** ▶ **3 見せる写真を選ぶ** ▶

- テレビ…40 人の学級だと 50 型で教室後方の席からも十分見ることができる。
  移動式より壁掛け式の方が場所はとらない。
- iPad または iPhone…大型テレビで見せるのなら iPhone でも十分。事前に十分充電をしておきたい。
- 接続ケーブル「Lightning Digital AV アダプタ」と HDMI ケーブル…充電ケーブル（Lightning ケーブル）があると同時に充電することができる。

写真→アルバム→「+」→〔新規アルバムの名前を付ける〕→保存

〔見せる写真をタップして選ぶ〕→完了

4 見せる順番を変える

写真→アルバム→〔見せる
アルバムを選ぶ〕→選択→
〔移動したい写真をじっと
押して移動可能な状態にす
る〕〔移動したい場所にド
ラックする〕

5 iPadの写真を写す場合も同じ準備をする

iPadは画面が大きいので,
見せたい写真の細かい部分
までチェックできる。

6 大型テレビとつなぐ

「入力切替」で,iPhone
(iPad)と専用ケーブルを
つなぐテレビ側の端子を選
択する。

7 写真を自分のペースで見せる

大型テレビにiPhoneの画
面が映し出される。
一枚の写真を見せ終わると,
指で左に画面を移動すると
次の写真が画面に映し出さ
れる。
解説をしたり,クイズを出
したりしながら写真を見せ
る場合はこの方法がいい。

8 等間隔で見せたい場合はスライドショーに設定する

写真→アルバム→〔アルバ
ムを一つ選ぶ〕→〔そのな
かの最初に写したい写真を
選ぶ〕→ 🔼 →スライド
ショー

9 スライドショーの設定をする

〔写真をタップする〕→オ
プション

テーマで写真の変わり方,
BGMで音楽,カメとウサ
ギのイラストの間の○で速
さを変えることができる。

第2章 文章や写真を共有する・見せる

37

5 授業で使えるプレゼンテーションを「Keynote」で作る①

　プレゼンテーションをiPadで作ってみた。

　素材とアイデアがあれば，短い製作時間で作ることができた。

　軽くて小さいiPadがあればできるのだからありがたい。

　iPadで製作したKeynoteの作品は，自分のiPhoneでも開くから，iPhoneとケーブルさえあればKeynoteの画面を大きなテレビに映し出せるのだ。

Keynote
Apple K.K.

1 「Keynote」をインストールする

「AppStore」を開いて「Keynote」で検索する。「Keynote」は，モバイルデバイスのためにつくられたプレゼンテーション用アプリケーションで使い勝手もいい。

2 テーマを選択する

Keynote→新規作成→テーマ選択。
テーマは，ブラック・ホワイト・グラデーション・写真エッセイ・クラシック・ストレート・クリームペーパーなど多数準備されている。
革装本，ビンテージ，ハードカバー，布装本，黒板，羊皮本など凝った物もある。

3 テキスト（文字）を入力する

タイトルをダブルクリックする。

タイトルを入力する。

4 テキストのサイズ，フォントを決める

編集したい文字を指定する。右上のブラシマークをクリックする。「テキスト」を選ぶと，段落スタイル，フォント，サイズ，テキストのカラーなどを指定できる。

5 テキストのデザインを設定する

「スタイル」で，枠内をぬりつぶす色，枠の線の色や太さ，シャドウなどを設定する。「配置」では，文字を左右反転させたり，上下反転させることもできる。

6 オブジェクトをアニメートする

文字枠を指定し，アニメーションを指定する。アニメートすると，登場の仕方や退場の仕方が変化する。文字枠の出方を決めるなら「ビルドインを追加」で候補から選択。文字枠の消え方を決めるなら「ビルドアウトを追加」で候補から選択。」

7 スライドを複数枚作成する

左下の「＋」をクリック，スライドを追加のなかから選んで新しいスライドを作成する。同様にしてスライドを追加していく。

8 スライドをアニメートする

アニメートしたいスライドを指定して，「詳細」の「アニメーション」で「トランジションを追加」を選択。

たくさんの種類のトランジションがあるが，使いすぎると見る側の目が疲れたり，内容が入ってこないので気をつける。

9 試しながら修正して完成する

完成したら試して，気になるところは修正する。自動的に保存される。

授業で使えるプレゼンテーションを「Keynote」で作る②

BGM に凝りたいなら，パソコンの iTunes 経由で音楽を蓄積しておこう。ウェブを使って公開するのなら，BGM 用の自由に使える曲が必要だ。

クラシック，ジャズ，ポップス，郷土の音楽……。

著作権フリーの音楽を公開している，『Music-Note.jp』(https://www.music-note.jp/) などのウェブサイトを利用させてもらおう。

iTunes にダウンロードして，iPhone・iPad と同期すると BGM として使える。

---

1 表を作成する

右上「＋」→表→〔表の種類を選ぶ〕

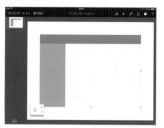

セルをタップ→〔数値や言葉を入力していく〕

2 グラフを作成する①

右上「＋」→グラフ→〔グラフの種類を選ぶ〕

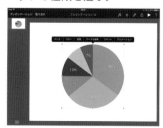

セルをタップ→データを編集→〔数値を入力する〕

3 グラフを作成する②

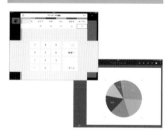

入力した数値に合わせてグラフが作成される。

右上「＋」→テキスト→〔テキストを入力する〕

4 写真を取り入れる

右上「+」→写真→〔取り
入れたい写真のあるフォル
ダを選ぶ〕

〔写真を選択する〕→〔写
真の大きさを調整する〕

5 テキストを入力して写真の位置を調整する

「+」→■のテキスト→
〔テキストを入力する〕→
場所移動→🔨→配置「背
面へ／前面へ移動」選択
（例）背面へ

（例）前面へ移動

6 リンクを設定する

〔リンク元になる文字や写
真をタップ〕→ツール→リ
ンク

〔タップした時に開くスラ
イドを決める〕

7 サウンドトラックを設定する

詳細→サウンドトラックで，
オーディオを追加する。

8 共有する

詳細→共有
Teams，メッセージ，
Gmail など共有する方法
と，相手を設定する。
icloud や，Dropbox などへ
の保存の設定もここで行う。
共有する方法によってはロ
グインする必要がある。

9 書き出しや印刷をする

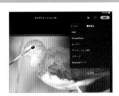

詳細→書き出し
ＰＤＦ，PowerPoint など
への書き出しが可能。

詳細→プリント
レイアウトを選んでプリン
ターを選んで印刷する。

第2章 文章や写真を共有する・見せる

41

7 「Keynote」でフラッシュカードを作る

　　フラッシュカードは，漢字を読む練習や，計算の答えを暗算で出す練習に使う，漢字や計算問題を書いたカードのこと。

　　短時間見て答えを言う学習は，集中して取り組みやすいことと，何度も繰り返すことで反応速度が速くなることや記憶に残りやすくなることが期待できる。通常は紙を使うが，iPadなら紙に近い状態のフラッシュカードを学習者に提示できる。

　　紙や筆記用具が不要なので節約にもなる。

　　いろいろな人が作ったフラッシュカードを共有することも期待できる。「Flashcards Deluxe」は英語版だがフラッシュカードの共有化が現実のものになっている。

Flashcards Deluxe
Ernest Thomason　＊英語のみ

1 Keynote を出す

「Keynote」をタップ。
これまで作成したプレゼンテーションなどのリストが出る。
もし他の画面が出たときは，（左上）プレゼンテーションをタップし，プレゼンテーションのリストを出す。

2 新規作成にする

「Keynote」→右上の「＋」→新規作成→テーマ選択
単純なフラッシュカードを作成するならホワイト（背景が白のもの）で作成する。
「標準」と「ワイド」のどちらかを選ぶ。

3 表紙を作成する

試しにかけ算九九のフラッシュカードを作ってみる。
「編集エリア」をダブルタップして「九九の計算問題」を入力する。
下の「編集エリア」を削除する。

4 九九カードを1枚作成する

「編集エリア」をダブルタップして「3×6」を入力する。

5 文字サイズを決める

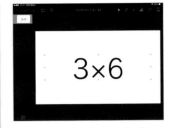

入力した「3×6」の文字サイズやカラー，フォントを設定する。
かけ算の式を指定する。ブラシのテキストで，フォント，サイズ，カラーが変更可能。

6 位置を決める

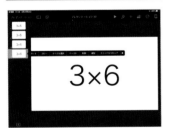

「3×6」の文字サイズを大きくし，次に位置を変更する。
文字の入っている枠をタップすると指定されるので，タップしたまま移動する。
位置を決める参考になるガイドラインが示される。

7 同じサイズでコピーする

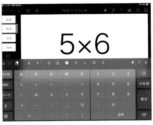

⑥で確定した「3×6」の文字カードを必要な枚数コピーする。
一枚一枚，計算式を書き入れてサイズ変更して位置を決めるより，同じカードを多数用意してから，変更した方が効率的だ。

8 文字を変える

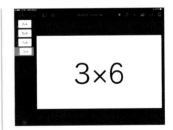

必要なだけの枚数が準備できたら，今度は問題のかけ算の数字を変更していく。
数字を指定して編集可能な状態にし，数字を変更していく。

9 位置を変える

カードの順番は変更することができる。
画面左に見えるカードをタップして動かしたい場所に持って行くと順番が変わる。
答えのカードも作成し，「問題」「答え」「問題」「答え」の順にカードを並べることもできる。

8 Kahoot! でクイズを作り学びを共有する

子どもたちはクイズが大好き。いろいろな形式のクイズを作って，オンライン授業や対面授業に使える人気アプリが Kahoot!

クイズは四択，〇×クイズ，並び替え問題，言葉で解答するクイズなどから選べる。

本を読んだときに，旅をしたときに，授業のまとめにカフートで問題を作っておくと，教材研究にもなる。

Kahoot!
Kahoot!

---

1 Kahoot! をインストールする

モバイルアプリのみ日本語版がある。ウェブ版は英語のみなので翻訳ソフトを使うと便利。

Kahoot! は基本料金が無料で，クイズの種類など多機能になるとプロ，プレミアム，プレミアム＋と有料版が用意されている。

本書ではプレミアム＋契約で使える機能を含めて紹介する。

2 アカウントを作る

メールアドレスを記入し，パスワードを設定してアカウントを作る。お試し期間が無料で提供されていることもある。

3 カバー画像を決める

カバー画像は本体内に保存されている写真から選ぶこともできるし，描画を選んで自分で描くこともできる。

4 クイズの形式がいろいろある

問題は四択クイズ，○×クイズ，並び替え問題，短答式，クイズ＋オーディオから選べる。（無料版では，四択クイズと○×クイズが使える）

5 四択クイズを作る

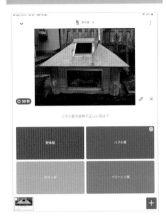

解答可能時間を設定し四択を記入する。正解をチェックする。

6 ○×クイズを作る

フェードインを設定する写真が分割されて少しずつ見えてくる。○か×で答えられる問題を作る。

7 並び替え問題を作る

正解の順に書き込むと，実際にはシャッフルされて出題される。

8 学級で全員で挑戦する

プレイ→教える→パスコードが決まる
子どもたちの端末でカフートを出してパスコードを入れると全員で学習できる。

9 カフートでできることは多様です

・ワードクラウドで，参加者の記入した短い言葉を画面に同時に表示する。
・選択肢を用意して投票させ，結果を表示する。
・250字までのテキストを記入させて回収する。
・世界中のユーザーが作成したクイズから必要なものを検索して学ぶ。

見せる・聞かせる時に気を付けること

iPadを購入してすぐに，YouTubeで勤務先の指宿市に関係のある動画を検索して視聴した。子どもたちの育った地域の環境を知ることができただけでなく，郷土教育の教材として使える物も多数見つけることができた。

iPadに，指宿市のフォルダを設けて教材として使えそうな物は保存した。

鹿児島県に関係のある物も検索して，鹿児島のフォルダに保存した。

いつでも必要になれば動画を見せることができるから便利だ。

1 著作権を守る

インターネットで公開されている写真，YouTubeなどの動画，文章などがそもそも著作権に違反している場合がある。

疑問に思う時は，子どもたちに見せてはいけない。

著作物の複製に関する著作権については，「学校その他の教育機関における著作物の複製に関する著作権法第35条ガイドライン」（平成16年3月）で確認したい。日本書籍出版協会のウェブからダウンロードできる。

2 著作権を教える

一般社団法人「日本著作権教育研究会」のウェブサイトに，学校での著作権についてわかりやすく解説がされている。

公益社団法人「著作権情報センター」のウェブサイト，著作権教育のご案内には，「5分でできる著作権教育」「著作権教育の実践事例」や，子どもたちが直接学べる「コピーライトワールド」などがある。

「YouTube」も「著作権センター」で詳しい解説を公開しているので参照したい。

3 動画は事前に全部見る

教育的価値があると判断した写真や動画は教材として子どもたちに見せたい。

動画の場合は，必ず事前に全体を視聴して判断することが大切。

子どもたちに一瞬でも不適切な映像を見せてはいけない。

不適切とは言えなくても，本時の指導内容とずれていたり，実際に行う実験と違う実験が紹介されていて子どもたちを混乱させてしまった失敗例を聞くことは多い。

4 検索中の画面は見せない

大画面テレビに接続したまま検索をすると，教育上不適切な広告が表示されることがあるので，テレビの電源を切るか接続ケーブルを外す。
ダウンロードが許可されている動画の場合は，事前にダウンロードしておく。
アプリから届く「通知」の設定に注意することが大切。子どもたちに見せている間に突然表示されるのを避けるために，機内モードにするか事前に非表示に設定する。

5 適度な音量にしよう

iPad の音量は決して小さくないが，対象になる子どもの人数が多かったり，広い場所だったりすると聞きづらいこともある。
また，音楽系のアプリを使う時に，もう少し大きな音で聞かせたいと思うことがある。
そこで私が使っているのは，PC 用スピーカーだ。教室に一組あると，iPhone から音楽を流すときも iPad のアプリで楽器を演奏するときも役に立つ。

6 PC 用スピーカーの活用

私が使っているのは，Boss 社製コンパニオン 2 シリーズ III マルチメディアスピーカーシステム。教室で使うなら十分な音量だ。

7 iPad の画面は向きを固定する

iPad は，持ち方に応じて画面が横向きになったり縦向きになったりして便利だが，授業中は向きが変わると子どもの気が散り困ることがある。
なるべく事前に向きを固定しておきたい。
設定→一般→画面の向きをロックで固定できる。

8 Spotlight 検索で，アプリを素早く見つける

ホーム画面の中央部から下にスワイプすると，Spotlight 検索用の検索窓が現れる。検索窓にアプリの名前を入れると同じアプリ名が表示されるのでタップすると開くことができる。
検索対象は，設定→一般→ Spotlight 検索で制限できる。

9 「Haiku Deck」で簡単なプレゼンを作る

アプリ「Haiku Deck」をインストールする。iPad でも iPhone でも作成可能。写真と簡単な文字を入力することで，簡単なプレゼンテーションが作成できる。

Haiku Deck
HaikuDeck,Inc

コラム ある日の持ち運びバッグの中身

　勤務先に持って行くバッグはこれ一つ。サンワダイレクトの軽量ハードシェルリュック 200-BAG068BK 。

　アマゾンで購入したバッグだ。

　iPhone 二台と iPad，専用ペン，携帯ルーター，筆箱，万年筆，タオルとハンカチ，ティッシュ，メモ帳，文庫本と単行本，扇子，充電ケーブル類，印鑑，USB メモリー，財布二つ，付箋等々。雨に打たれても中に水が入り込みにくい防水機能と，壁などにぶつかっても中の物に衝撃が伝わりにくいクッションのきいた構造が魅力だ。

　バックの両側にポケットがあるので，水筒二つを電子機器と離して安全に携帯できる点も気に入っている。

　整理整頓の苦手な私でも，整理がしやすい小ポケットがいくつもあるからありがたい。

　各社から同じような機能を持つパックが発売されている。持ち運びたい物に合わせたバッグを探すのもまた楽しい。

3

教材を
集める・活用する

よく使う検索エンジン・web サイト

　ホームボタンをしばらく押していると,
「ご用件は何ですか？」
と文字が表示される。
　ここでマイクに,
「フランス」
と話すと, フランスの説明が画面に現れる。
　アプリ「音声検索」を使うとヤフーを音声検索できる。
　Google では検索窓の右側にあるマイクアイコンをクリックするだけで音声検索が始まる。
　音声検索に慣れたら文字入力検索にこだわらなくなる。

音声検索
Yahoo Japan Corporation

1 検索エンジンヤフーで調べる	2 ウィキペディアで調べる	3 人力検索はてなで調べる

Yahoo!
Yahoo Japan Corporation

多様な情報が得られる。
他にも, Google, goo,
Bing などの検索サイトがある。

基本情報はここで得られる。
確認が必要な情報も少なくないので, おおよその情報と思ってチェックする。

知恵を出し合おうという検索サイト。

4 「検索デスク」で調べる

アプリではなく，ホームページ。iPhoneでも，iPadでも，パソコンでも利用できる。

多様なウェブ上の検索を一つにまとめた総合検索サイト。

検索デスクを公開している方のアイデアと技術力に脱帽。

私は20年近く愛用している。

5 教育委員会や教育センターのウェブをチェックする

教師の仕事を支援する情報を公開している教育委員会や教育センターは多い。

全国学力・学習調査など各種調査のデータや学習指導案，校内研修で使えるパンフレット，県内で行われる研究公開の予定や，授業で使える副読本などが公開されていて参考になる。

6 地元新聞社のウェブで郷土教育の素材を見つける

（例）南日本新聞社
授業の教材や，話のネタの宝庫。

7 「Yahoo!きっず」で調べる。

子ども向けポータルサイト。情報検索機能だけではなく学年・教科別に学習動画サイトが紹介されている。自由研究お助けガイドや読書感想文ナビなど独自のコンテンツも充実している。学年設定をするとよみがなをつけることもできる。

8 よく使うWebサイトはブックマークする

ウェブを出した状態から→ブックマーク→〔登録する名前と場所を選択する〕これで登録される。

2 音楽を持ち運ぶ

　私は，授業で，郷土に関係のあ
る音楽や行事の音声記録などの音
を教材としてよく使う。

　使いたい音楽が聴き放題のサブ
スクリプションに含まれていない
場合はパソコンから iPhone や iPad
に取り込んでおくようにしている。

　レコードやカセットテープの音を
取り込む数千円程度の特別な機材も
販売されている。

▲　PCA-ACU　株式会社プリンストン

---

1 「iTunes」を検索して
パソコンにダウンロー
ドする

アップル社のサイトから簡
単にダウンロードできる。

2 「iTunes」が使えるよ
うに設定する

iTunes Store から何かを
購入したりダウンロードす
るには，Apple ID が必要。
iTunes を利用する前に
Apple ID を設定しておく。
iTunes の登録は簡単だ。
・メールアドレスの登録
・パスワードの設定
・修復用メールアドレスの
　登録
・支払うためのクレジット
　カードを登録する。何か
　を購入しない限り請求さ
　れることはない。

	∧ 名前
1	⊘ 朝花
2	⊘ あがれゆぬはる加那
3	⊘ 舟のたかども
4	⊘ 花染

3 パソコンの iTunes に
CD の曲を取り入れる

パソコンに CD を入れる。
例として，福井静香さんの
「天然（ナチュラル）」を入
れてみる。

［曲をインポート］を選ぶ。

4 パソコンに「天然（ナチュラル）」をインストールする

ほとんどの市販音楽CDは入れると自動的に楽曲の一覧表が表示される。インターネットに接続しているのが条件。

インポートをクリックする。

5 パソコンにインストールしたら確認する

インストールを始めた時から曲を聴くことができる。正しくインストールが終わったかどうか確認する。ここでiPadと接続するが，曲がパソコンに正しくインストールされているなら，ここから先の作業は後日でも構わない。

6 iPadを設定する

「音楽とビデオを手動で管理」をチェックする。

7 iTunes内の曲の一覧から「天然」を探す

アルバム名で指定する。

8 iPadに入った曲を確認する

聞く曲は，アーティスト名，曲名，アルバム名などで選択できる。
定期的に聞かない曲を削除していかないと容量が少なくなって困ることになる。

9 iPhoneにもインストールする

iPhoneの場合も全く同じ手順で，パソコンのiTunesを通してダウンロードできる。

第3章　教材を集める・活用する

<table>
<tr><td>

3

</td><td>

教材開発に役立つリンク集づくり

</td></tr>
</table>

　授業づくりでよく使うホームページを，その都度検索するのは面倒だ。

　自分用のリンク集を作成してホームページとして公開しておくと便利だ。必要な時は，自分のリンク集から，よく使うホームページを文字入力なしで開くことができる。

Jimdo
jimdo GmbH

　自分の公開しているホームページのなかにリンク用のページを新規で作成してもいいし，新らしいサイトで公開してもいい。

　ここでは，Jimdo（ジンドゥー）の無料サービスを使う方法を紹介する。

---

1 よく使うホームページの名前をリストにする	**2** Jimdo（ジンドゥー）の説明を読む	**3** Jimdo（ジンドゥー）無料版でも機能は充実している
ヤフー □ ｇｏｏｇｌｅ □ ｇｏｏ □ ウィキペディア □ 人力検索　検索デスク キッズｇｏｏ □ ジェトロ 鹿児島県大和村 財務省ファイナンスランド 静岡教育サークル　シリウス □ 株式会社サクラクレパス 三井製糖 教育に新聞を □ タグラグビー 濃縮還元ニュース □ 学研キッズネット □ ヤフーキッズ □ キッズｇｏｏ □ イーガフ □ 国際子ども図書館	 iPhone や iPad で作成する場合は，アプリをインストールする。 パソコンで作成する方が，キーボード入力ができるなど操作が簡単なのでおすすめ。 Jimdo には，無料版とSTART と GROW の有料版がある。	・ウェブ上で作成するとそのまま公開される。 ・画像をアップロードすることができる。 ・ブログを作成することができる。 ・準備されているレイアウトから選択したり変更することができる。 START と GROW の有料版だとさらに多くの機能が使える。
ワープロソフトなどで一覧表を作成する。五十音順でも自分なりの分類でもいい。		

4 ホームページのデザインを選ぶ

あらかじめ用意されているデザインのなかから，一つを選ぶ。

5 ログインする

希望のホームページアドレスを登録する。
例えば，「manabu.jimdo.com」。このアドレスを入力するだけで iPhone からでも iPad からでも簡単にリンク集が開くことになる。iPhone からも更新することがあるなら，そのことも考えて記憶しやすく入力しやすいパスワードを設定する。

6 トップページを作成する

一番上の部分に自分で撮影した写真をアップロードすることができる。
その下にタイトルを入力する。
ナビゲーションの編集でトップページに名前を設定する。ここでは仮に「リンク集」とする。

次にコンテンツを追加で，ページの中身を入力する。

7 よく使うウェブサイトのリストを貼り付けリンクづけする

リンクづけとは，文字をクリックすると，その文字に関連づけられているウェブサイトが開くように設定すること。

コンテンツに「鹿児島県大和村」を入力し，指定する。「外部リンクかメールアドレス」に大和村のアドレス「https://www.vill.yamato.lg.jp/」を貼り付けると完成する。

8 リンクを一つひとつ完成して保存する

リンクが完成し保存しただけで，このホームページはネット上に公開される。

「新規ページを追加」で，教科別，分野別，月別など使いやすいように新規ページを設定し，それぞれのページの中身を入力し保存する。

9 iPhone と iPad から開いてリンクを確認する

iPhone で開くとこうなる。ホーム画面に追加しておくとすぐに開くことができる。

書店が好きだ。

何冊もの本を手に取り，よく検討して購入する本を決めてレジに並ぶ。

本屋で過ごす時間は幸せな時間だ。

特に最近の大型書店には，座って本を読むスペースが用意されていたり，信じられないぐらい多くの本が並んでいて選ぶのに困るほどだ。

それでも，最近は購入する本の半分はアマゾンからだ。

Amazon
amazon mobile LLC

自宅で買える，届くのが早い，送料無料，お得な古本まで一気に検索できる……。気軽すぎてつい買いすぎてしまうのが問題だ。

1 アマゾンアプリをインストールして登録する

氏名，住所，電話番号，届け先住所，支払いに使う口座番号などを登録する。
Amazon で購入した物の支払いは，購入先の会社がどこであっても，Amazon に登録した口座から引き落とされるので支払い手続きを特別にすることがないので簡単だ。
注文手続きを一部省略化する「1−Clic」を設定すると，すぐに手続きが終わるが，間違って購入する危険性もある。

2 購入したい本を著者名や書籍名で検索する

著者名や書籍名で検索すると候補が提示される。

3 検索結果から購入したい本を選び詳細を見る

この商品を買った人が購入した他の本も参考になる。

4 購入手続きをする

支払い方法を決める。カード払いが安くて速い。手数料がかかるが代金引換も安心。

5 注文確定

「注文を確定する」で注文は終わる。「今すぐ買う」（iPhone）「1-Click」（iPad）で，途中の手続きを省いて購入することもできる。別の住所に配送してもらうこともできる。後は商品が届くのを待つだけである。

6 オークションで買う

「ヤフーオークション」のアプリをインストールする。

ヤフオク！
Yahoo Japan Corporation

7 郷土教育の教材をオークションで集める

化石，絶版になった本，自費出版の本，パンフレット類，絵はがき，記念切手，初日カバー（p.58参照），民謡のレコードやCDなど入手困難な物を，教材としてまた教材研究のために，オークションで購入している。子どもたちの学習意欲を高める役立つグッズである。

8 入札し落札する

購入したい物を検索欄に入力する。購入したい物の名前が明確でないときは思いついた言葉を書く。
関連検索キーワードも参考にする。
送料や支払い条件などいろいろな条件をていねいに見ていく。
購入を決めたら入札する。
時間が来て，自分の入札価格が一番高額だと落札できる。
取引ナビで，出品者と送料や支払い方法を確認する。

9 支払い商品が届く

支払い方法は，かんたん決済，銀行振り込み，切手での支払い，着払いなどがある。出品者の出した条件から選ぶ。
支払いがすむと品物が届く。お互いが取引について評価するシステムになっている。

第3章　教材を集める・活用する

57

　オークションサイトで，「鹿児島」「指宿」「奄美」「屋久島」などの言葉で検索すると，鹿児島黒豚，桜島の絵，大島紬，鹿児島産金魚，焼酎，雑誌などがリストアップされる。

　順に見て，これは欲しいと思う物があったら入札する。

　桜島，ルリカケス，薩摩焼き，鹿児島国体など鹿児島が描かれている切手や初日カバーは大量に集めている。

　初日カバーとは，郵便切手の発行初日に，その発行日当日の消印が押された封筒のこと。封筒には，切手と関係のある絵が描かれていることが多く美しい。

　フィギュアは小さな人形。アマミノクロウサギ，ルリカケス，イシカワガエル，イボイモリなどの鹿児島県に生息する生物や，西郷隆盛像，桜島大根，焼酎瓶，白熊などがある。フィギュアは，小学生にとても人気があるので社会や算数などの学習で役に立つ。

　鹿児島が特集されている週刊物の雑誌も集めている。「週刊日本の街道 92 日向街道大分から鹿児島へ」「週刊日本の街道 80 薩摩街道 2 熊本から鹿児島へ」「週刊神社紀行霧島神宮鹿児島神宮」など。写真や図が多く，社会の授業で見せると子どもたちの目が輝く。

　廃線になった鉄道の切符や鉄道の記念入場券も鹿児島県関係を中心に集めている。

　昔の観光地の絵はがきは額に入れて飾るとアートだ。三角フラッグもいい。

　絶版になっている郷土に関係のある本も少しずつ集めている。

　地域ゆるきゃらのグッズは出品されるとたいてい入札する。「ぐりぶー」「薩摩剣士隼人」「イーサキング」などで検索すると意外な物が出品されていることもある。

　郷土本，記念硬貨，写真，レコード，CD，ポスター，記念硬貨，記念シャツ，ちらし，DVD なども面白い。

4

SNS を活用する・情報を公開する

Facebook で全国の教師とつながる

Facebook は面白い。

登録をしている多くの友だちと，主に写真とメッセージを通じた交流を楽しんでいる。

友だちは様々だ。

恩師，先輩，友人，知人，教え子，知人の知人，知人の知人の知人，何らかの縁はあっても一度もお会いしていない方も少なくない。

▲ 著者の Facebook

もちろん，全国各地の多くの教師と友だちになっているので，授業に役立つ情報交換も楽しんでいる。

1 「Facebook」をインストールする	2 Facebook に登録する	3 近況報告をする

Facebook
Facebook, Inc.

iPhone からでも iPad からでもパソコンからでも登録できる。

写真入りの近況報告を簡単に投稿できる。

4 友だちの投稿を読む

登録している友だちの感動を共有できる。

5 投稿にメッセージを書くまたは書いてもらう

友だちの投稿に意見や感想を書き込むのも自分の投稿への書き込みを読むのも楽しい。

この投稿には，
「青が深いですね」
「外海なのに波が穏やかですね。故郷の風景に癒されます」
「絵のような！」
などの感想が書き込まれた。

6 見る人を制限する

よく考えて設定しよう。いつでも変更できる。

7 メールのやりとりをする

個人間のメールのやりとりはメッセンジャーで行うことができる。
それぞれの書いた文が吹き出しのように表示されるので，対話しているようだ。
二人のやりとりは，そのまま保存されていく。
どんな約束だったか，待ち合わせの場所はどこかなど，話の経過をいつでも確認できるのはとても便利だ。
Facebook は原則実名登録で，登録している人同士しかメールのやりとりはできない。

8 個人間で写真もやりとりすることができる

写真のプレゼントも簡単にできる。伊佐市のゆるきゃら「イーサキング」様へのメッセージ。

9 友人の情報に学ぶ

学陽書房から『クラスがみるみる落ち着く教師のすごい指導法！』を出版されている，城ヶ崎滋雄さんの投稿には素直に学ぶことができる。

第4章 SNSを活用する・情報を公開する

2 Facebookのグループ機能を活用する

人との連絡にはたいてい Facebook を使っている。

知り合いの教師も，多くは Facebook を使っているので，友だち登録をして，研究会の案内や授業づくりの相談などをメッセージ機能を使って日常的に行っている。

FaceBook にはグループ機能というものがある。登録しているメンバー同士が情報を共有するシステムで，メーリングリストに似ている。

一人がメッセージを投稿すると，その投稿を登録しているメンバー全員が読むことができる。メーリングリストより便利なのは，それぞれの投稿が時系列で記録されていくので，いつでも読み直すことができる点だ。

▲ Facebook では電話も無料でかけられる

1 グループを新規に作成する	2 グループを設定する	3 メンバーを追加する

メニュー画面→グループ→「＋」（グループを作成）	〔グループ名を記入〕〔プライバシー設定〕〔グループの検索可能〕→〔グループを作成〕	グループの初期メンバーをリストから選び招待する。

4 カバー写真を追加する

グループの趣旨が伝わる写真を選ぶ。

5 グループの説明を書く

グループの趣旨をわかりやすくまとめる。

6 グループのページが完成したので確認する

気になる部分は修正する。

7 初投稿を作成する

投稿文の文体を揃えると読みやすい。

8 投稿するとグループページに反映される

投稿後にも必ず誤字脱字がないか確認する。

9 追加の説明や写真をコメント欄に書く

投稿を継続しながらグループを紹介し参加者を増やしていく。

　ブログの何よりの魅力は，更新作業が気軽に行えることだ。

　更新作業は，パソコンからも可能だが，私は写真一枚にコメントを付けて，更新用のメールアドレスに送ることが多い。遠足や修学旅行では，行く先々から更新できるので，保護者にも喜ばれるし安心してもらえる。

Google
Google, Inc.

1 Google アカウントを作成する

パソコンで作成する。
「Google　アカウント作成」で検索する。
名前，パスワード，誕生日，現在のメールアドレスなどを入力する。
パスワードは他のサービスで使っていない新しいものを使用すると安全性が増す。
パスワードは確実にメモしておく。

2 新しいブログをつくる

Google にログインする。
ブロガー→新しいブログ→〔タイトルとアドレスを決めて入力〕→〔テンプレートを選ぶ〕
テンプレートは，後から変更することもできる。

3 タイトルを決める

著作権者名を掲載した方がいい場合は右下の編集アイコンをクリックして，帰属先を書き入れる。

4 メールを使って投稿できるように設定する

設定→メール→メールを使用して投稿
自分しか投稿しない場合はすぐ公開するでいい。
ブログの構成を設定する。

5 メールで投稿する

メールでの投稿アドレスにiPhoneから写真や文章を投稿する。

6 ウェブから投稿する

ウェブから投稿することもできる。パソコン内の写真やテキストを使う場合は便利。
文字の大きさや文章のスタイルなど編集可能な項目があるので，自分で選択して公開する。

7 確認する

マイブログ→ブログを表示
新たに投稿した写真や文章が反映された最新のブログが表れるので確認する。

8 公開後に編集する

・文字の変更，追加，修飾などを行いたいとき
マイブログ→編集したい項目→編集
・削除したいとき
マイブログ→削除
・最後に確認したいとき
マイブログ→表示

9 告知する

投稿と編集の方法に十分慣れてから，告知する。
告知の方法
・アドレスを紹介する
http://choco117.blogspot.jp/
・QRコードを紹介する

QRコードは無料アプリで作成する。
※ http://www.cman.jp/QRcode/ など無料で作成できるウェブを利用する。

WordPress で簡単なホームページを作る

パソコンを使わなくても，iPad や iPhone からホームページを作成し公開することができる。ホームページを作成し公開するサービスはいろいろあるので，自分の公開したい内容や量，更新頻度などを調べてサービスを選び作ってみよう。右のサンプルは iphone で Wix を使って作成したものだがとても簡単に作れた。

WixOwner：アプリ&ホームページ作成
Wix.comInc.

1 WordPress アプリをインストールする

WordPress
Automattic

2 メールアドレスを入力して WordPress にログインする

登録したアドレスにメールが届くので，リンクをクリックしアプリにログインする。

3 デザインを選択する

紹介，リンク，ブログなどの種類から，ホームページのレイアウトを選ぶ。後から変更できる。

4 ドメインを選択する	5 すべての写真を使える状態にする	6 タイトルを考え入力する

ホームページアドレスの一部になる名称をローマ字で入力し，ドメインを選択する。

設定→ WordPress →写真で「すべての写真」を選択する。この設定にしないと，写真を自由に使えない。

サイト設定で，サイトのタイトルやキャッチフレーズを考えて入力する。

7 写真や文字を入力する	8 テキストや背景の色を設定する	9 完成したら更新しプレビューで確認する

選んだレイアウトに合わせて文字を記入したり写真を入れ替えたりする。不要な枠組み（ブロック）は削除する。左下の「＋」から追加したい枠を新たに設定できる。

歯車マークをクリックすると，色の変更ができる。

思っている仕上がりと異なるときは修正する。パソコンなど他のデバイスでも確認する。

コラム SNS 利用のルールを守って活用しよう

　iPhone を持つと，Facebook や LINE や mixi などの SNS（ソーシャルネットワークサービス）を利用して人と交流する機会が増える。とても便利だが，使い方を誤ると他者も自分も傷つけてしまう。SNS 利用のルールを，教師自身が守ることが大切だ。児童生徒に対しても，計画的に指導をしていきたい。

　SNS 利用のルールづくりで参考になるのは，安心ネットづくり促進協議会が示している下記の「ソーシャルメディアガイドライン」を作成する際の重要なポイント 10 項目だ。

1　ガイドラインの策定目的および適用範囲をわかりやすくはっきりと表記すると共に，ガイドラインに規定された内容を正しく理解させ，それらに反しない使用を促す
2　法令，校則，モラル，マナー等の順守およびサービス提供側が定めた決まりを守る
3　個人の尊重
4　誹謗中傷や差別的発言の禁止
5　正確な情報の発信を促す（ウソをついたりデマを流したりするような行為を制する）
6　著作権や肖像権等の権利を守り，情報の適切な利活用を促す
7　機密情報や特許で守られた情報の保護
8　情報は，一度発言・発信したら完全に取り消す（削除する）ことができないことに留意
9　自分の発言や発信が，自分自身や他者の将来に重大な影響を及ぼす可能性があることに留意
10　困ったり迷ったりした際は，助言を求めることを促す

　教師が実際に SNS を使うなかで，ここにまとめられた項目の意味と重要性を理解することができる。対象になる児童生徒の実態に合わせて指導することが大切である。

〈参考になるホームページ〉
1　情報化社会の新たな問題を考えるための児童生徒向けの教材，教員向けの手引書
　文部科学省 http://jouhouka.mext.go.jp/school/information_moral_manual/index.html
2　保護者向けリーフレット「お子様が安全に安心してインターネットを利用するために保護者ができること」
　内閣府 http://www8.cao.go.jp/youth/youth-harm/koho/index.html
3　児童生徒向けリーフレット「ちょっと待って！ケータイ＆スマホ」
　文部科学省 http://www.mext.go.jp/a_menu/sports/ikusei/taisaku/index.htm
4　「ソーシャルメディアガイドライン作成のすすめ」
　安心ネットづくり促進協議会 http://www.good-net.jp/safe-internet/guideline/
5　「ネット上のいじめ」に関する対応マニュアル・事例集（学校・教員向け）
　文部科学省ホームページ http://www.mext.go.jp/b_menu/houdou/20/11/08111701.htm

5

授業に使える
おすすめアプリ

1 授業に使えるアプリの見つけ方

　使えるアプリを見つける一番の方法は，iPhone や iPad にインストールして実際に自分で試すことだ。

　説明を読んでもわからなかった魅力を発見することもあるし，広告が入っていてとても授業では使えないことがわかったりもする。ただ，大量に公開されているアプリを全部試すのは難しいし，有料のアプリを全部試すことは難しい。

　iPhone や iPad を利用している教師から，おすすめのアプリを教えてもらうのはいい方法だ。

　iPhone や iPad の教育利用を推進している学校からの情報も参考になる。

　ウェブサイトでの紹介も参考になる。

　Appliv（http://app-liv.jp/）は，iPhone で使えるアプリを全領域に渡って整理して紹介するウェブサイトだ。

　「Apple と教育」（https://www.apple.com/jp/education/iPad/）は，アップル社がウェブで教育場面での iPad 利用について紹介しているので必ず読んでほしい。

　特別支援教育の分野では，iPad 利用の研究が進んでいて，幅広く活用されている。ウェブ上にも特別支援教育で iPad を活用している教師や研究者からの情報が多く公開されている。

　国立特別支援教育総合教育所（http://www.nise.go.jp/cms/）の「支援教材ポータル」から「教材・支援機器を探す」「実践事例を探す」と入っていくと参考になる情報が紹介されている。工夫された iPad 入力装置も多数紹介されている。

　NPO 法人支援機器普及促進協会（ATDS）が公開してる ATDS（http://npo-atds.org/）では，各地の研修会で使われた iPad を特別支援教育でどう活用したかがわかるプレゼン資料を見ることができる。

　教師が個人的に情報を公開されているウェブにも素晴らしいものがある。

　沖縄県の喜屋武先生の公開するウェブサイト「iPad と iPhone で教師の仕事をつくる」（http://blog.livedoor.jp/canpycanpy/）には，実践を通した iPad と iPhone の活用法が多数公開されているので，ぜひ見ていただきたい。

①「App Store」を
タップし開く。

「App Store」を下に
置くと常に表示される
ので便利だ。

②上部の検索窓に，アプリの名前を入れる。正式名称を知らないときは関連する言葉を入れてみる。検索窓に書きいれた言葉が含まれるアプリのリストが出てくるので選んでタップする。何も出ないときは関連する言葉を入れて検索する。

③アプリの詳しい説明を読む
「詳細」では，アプリの説明，新機能，発売元，カテゴリ，更新日，バージョン，サイズ，互換性などを確認できる。

④一番参考になるのは利用者のレビューだ。しっかり読んで，インストールするかどうかを決める。批判的な意見が多いときは慎重に判断する。現在のバージョンだけでなく，すべてのバージョンの意見を読んでみる。

⑤インストールする
「入手」をタップすると「インストール」に変わり，タップすると本人確認をするための画面が表示されるので，指紋認証（Touch ID）か，パスワード入力を行うと，インストールが始まる。

⑥インストールに成功するとアプリのアイコンが画面に登録される。アイコンをタッチすると，アプリが立ち上がり使える状態になる。

常用漢字筆順辞典
NOWPRODUCTION CO., LTD

漢字 2411 文字とひらがな，カタカナの筆順を一画ずつ確認できる。個別指導にも使える。画面に指で漢字を書くと，候補の漢字が表示される検索の容易さも魅力。

日本全国方言クイズ
sanaeomura

全国の方言を集めたクイズ集。都道府県別に方言の意味を四択から選んで答えるクイズ。誤答の時は，正解と解説が表示される。方言辞典には五十音順に方言と解説がまとめられている。（iPhone 限定）

i 読書—青空文庫リーダー
YASUHIRO HATTA

石川啄木などの短歌，新美南吉の童話など，著作権の切れた作品 16761 点を読むことができる。読み聞かせにも便利。
iPhone でも，文庫本を読んでいる感覚で楽しめる。

じしょ君
Johan Olsson

国語，和英，英和，英英，対義語，類語辞典を無料で使える。
ちょっとした調べものにとても便利。
国語，英和和英などがオフラインでも使用可能になるオフライン辞書もある。

手書き四字熟語 1000
Gakko Net Inc.

小 5 レベル，小 6 レベル，など 6 段階の四字熟語問題に挑戦できる。同社の小学生手書き漢字ドリル 1006 は，漢字練習を手書きででできる。

その他のおすすめアプリ

nemo 日本語
英語に対応した日本語を，美しい発音で効くことができる。（NemoAppsLLC）

絵本が読み放題！ 知育アプリ PIBO
毎日 3 冊までは無料で絵本が読める。全作品プロの声優による読み聞かせ付き。（EVERSENSE,INC.）

④ 社会科に使えるアプリ

今日は何の日？
kazuhiroaonuma

カレンダーで日付を指定すると，記念日，歴史上の出来事，著名人の誕生日の情報が表示される。アプリを起動しなくても表示されるウィジェット機能対応。my 記念日を書き込み保存できる。

環境ドリル（北九州市環境首都検定）
Gururi Co, Ltd.

北九州市が実施している環境首都検定の過去の問題を公開している。子どもたちが挑戦できる内容。
ジュニア編は，小学生高学年でもクイズを楽しみながら学ぶことができる。

e 国宝
National Institutes for Cultura Heritage

国立博物館等が所有する約 1000 点の国宝などを解説付きで見ることができる。
社会の歴史学習で大画面テレビなどを使って子どもたちに見せたい。写真が美しい。

西暦・和暦・年齢・干支早見表
ShigeyukiHamamoto

1868 年（明治元年）から 2120 年までが対象。和暦から西暦，西暦から和暦を調べることができる。その年の干支は何か，その年に生まれた人が今年何歳になるかも一目で分かる。

日本のニュース
ooi lee ngoo

全国紙，地方紙，通信社などのニュースを見て回るのに便利なニュースポータルサイトのようなアプリ。
一つの出来事をどう伝えているか，読み比べることができる。

TimeTravel- 歴史年表・地図
yoshiie hamada

日本史，世界史，地球史，中国史などユーザーが作成した多様な年表をライブラリから選んでダウンロードし，年表の世界で見ることができる。自分で年表を作成して公開することも可能。

73

5 算数に使えるアプリ

分数計算機プラス
DigitAlchemy LLC

分数の四則計算が簡単にできる計算機アプリ。訳文は自動的にする。仮分数は帯分数に自動的にする。長い計算式も入力できる。小テストの模範解答を出すときにも便利。

私の懐中時計と定規
Yiming Shen

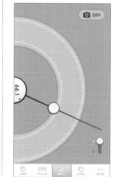

懐中時計，定規，分度器，水準器と多様な役割を果たすアプリ。懐中電灯には，通常のライト，SOS 用の点滅灯などの種類がある。長さや角度に興味を持たせることができる。

電卓＋
7th Gear

iPad で 使 うのがおすすめ。計算をすると，画面に入る限りログ（履歴）が表示される。

ログをメールで送ることや印刷することができる。

たす・ひく　Free
mmc Co., Ltd.

現職の小学校教諭のアイデアから作成された数と計算の指導に使えるアプリ。アプリ内に，効果・使用方法の詳しい説明文がある。「かけ算・わり算アプリ」もある。

小学算数アニメーション
Xicheng Dong

計算，面積の基本的な学習内容を簡単なアニメーションで振り返ることができる。小ステップで操作することができる。操作をしながら算数学習を進めることができる。

図形電卓 ShapeInfo
Noriyasu Kutsuzawa

直角三角形，扇型，円，三角錐，円柱など 11 種類の図形から一つを選び，角度や長さなど必要な数値を入力すると他の辺の長さや角度，面積や体積などが表示される。面積，体積の学習で使える。

6 理科に使えるアプリ

花調べ
masahiro mizutani

過去に撮影した写真，今撮影した写真，動画などから花の名前を調べることができるアプリ。
美しい花の写真が多く収録されていて，スライドショーで見たり解説を読むことができる。

88 星座図鑑
Dreams Come True Inc.

星座や天体の情報が図鑑のようにまとめてある。星座の見つけ方がわかりやすい。星座マメ知識では，星座の大きさや星の動きなどの説明を読んだり，季節ごとの星座早見表を見ることができる。

コンパス
Apple

iPhone と Apple Watch で使えるアプリ。向けた方向の真北からの角度，現在地の市町村名・緯度・経度がわかる。iPhone6以降のモデルでは，現在地の海面からの高度も確認できる。

Windy.com
Windyty,SE

現在の風の動きや今後の予想を地図上で見ることができる。天気予報，気象レーダー，衛星写真，各地の気温，波の動きなど選択肢が多く，必要な情報を選んで表示させることができる。

理科問題 3700
Sviluppatore: product in tokyo co., Ltd

子どもに出す問題を見つけたり，教師自身の理科分野の常識を増やすために役に立つ。気象・天文，動物，生物などに分類されている。正解済みの問題は表示しない設定にすることができる。

Picture bird
Next Vision Limited

撮影済みの写真や鳴き声からほぼ正確に鳥の名前を判定する。通称名，学名，鳴き声，よくある質問と回答，名前の由来，生態，生息分布と詳しい情報を知ることができる。

第 5 章　授業に使えるおすすめアプリ

75

7 図工に使えるアプリ

カラーガイド
DIC Graphics Corporation

色の大辞典。日本の伝統色やフランス・中国の伝統色を表示する。撮影した写真の一点をタップすると，どの色に近いかを表示する機能が面白い。

MAU M&L 植物図鑑
Musashino Art University

18世紀から20世紀にかけての解剖図，航海記，博物誌を多数見ることができる。外国語表記だが十分楽しめる。
小学生には向かない解剖図などもあるので，事前に確認しておく。

GoogleArts&Culture
GoogleLLC

芸術作品を見て楽しむことができるだけでなく，個人やオンラインで複数の人と同時に絵画作品のジグソーパズルを楽しんだり，有名な作品の色塗りを楽しむことができる。

お絵かきバトル
MONOPOLEAPPS K.K.

お題が出て60秒で絵をかくとAIが採点する。点数はさておき，短時間で絵をかくことが楽しい。作品は保存されるので，必要な時に使うことも可能。他のユーザーの作品も楽しめる。

けしはん道場
Masako Sakanashi

写真を消しゴム版画風に処理する。消しゴム版画をデザインする参考になる。写真はアルバムのなかからも選択可能。木版画の導入で参考に見せると，版画のイメージを持ちやすいようだった。

その他のおすすめアプリ

NHK スクール図工キミなら何つくる?
Eテレ「キミなら何つくる?」の関連アプリ。
(NHK(Japan Broadcasting Corp.))

建築探訪マップ
全国の建築物をリストアップして地上図で紹介するアプリ。
(Kentaro Tsukuba)

8 体育に使えるアプリ

NHK ネットラジオらじるらじる
NHK(Japan Broadcasting Corp.)

NHK ラジオ第 1，第 2，FM を生で聴くことができる。語学の学習にも使えるし，子ども向けの番組もスピーカーを使うことで教室に流すことができる。もちろんラジオ体操も生で聴ける。

スポーツナビ
Yahoo Japan Corp

今日行われるスポーツの試合予定や終了した試合の結果だけでなくコラム・動画・ライブ配信などを楽しむことができる。好きな種目やプロチームを選んで登録できる。

ラジオ体操第 1 第 2
NHK SERVICE CENTER,INC

「動画ラジオ体操」ではラジオ体操の動画をポイントの解説付きで見ることができる。「覚えようラジオ体操」では，次の動きを二択で選ぶクイズを答えながら練習をすることができる。［iPad 専用］

はなまるフォーム！！
Nobuo Ezaki

運動の様子を動画撮影すると，設定した時間が過ぎると動画が再生されるので，自分のフォームをチェックできる。手本あり機能ではモデルとフォームを比較することが可能。

デジタル体育
KOBUNSHOIN PUBLISHING CO.,LTD.

器械，陸上，ゲーム・ボール，水泳，表現運動などの動画を収録。運動している様子を撮影・保存する機能もあるので評価やふりかえりにも役立つ。すべての動画を見るには認証コードが必要。[iPad 専用]

ストップウォッチ
Serhii Simkovskyi

スタートしてからのタイムが記録されていくスプリットモードとラップタイムが記録されていくラップモードがある。コピー機能があるので，メモ帳などに，データを貼り付けられるのが便利。

第5章　授業に使えるおすすめアプリ

77

9 家庭科・保健に使えるアプリ

e 食材辞典 for iPhone
DAIICHI SANKYO COMPANY,LIMITED

食材を50音や種類別などから検索できる。それぞれの食材の写真・別名・時期・栄養・特徴が紹介されている。旬の食材の調理法や今月のヘルシーレシピなども紹介されていて便利。

ロープの結び方 3D
Tomohiro Suzuki

ロープ同士を結ぶ，ロープを何かに結ぶ，輪を作る，箱や本を結ぶなど，日常生活や，キャンプなどいろいろな場で目的に応じたロープの結び方がアニメーションで繰り返し表示される。

-Lorraine-
『ロレイン』栄養計算アプリ
Shuichiro FUJISADA

栄養計算アプリ。食品を検索して数量を設定すると自動的に栄養計算ができる。日々の食事を記録することも可能。データは最新の「日本食品標準成分表2015年版（七訂）」

クックパッド
COOKPAD Inc.

おかずから，デザート，パンまで写真入りの詳しいレシピ。殿堂入りしたレシピを見るなどのプレミアムサービスもある。
料理の強い味方として愛用している。

救命ナビ
U-media

心肺蘇生法・止血法・やけど・熱中症への応急処置・AED の取扱い方法を学べる「応急手当を学ぶ」や全国の AED がある場所を地図で表示する機能などがある。

その他のおすすめアプリ

NHK for School
「カテイカ」に料理や裁縫など役立つ動画がある。
（NHK Japan Broadcasting Corporation）

シンプルダイエット
記録するだけのダイエットアプリ。
（SIMPLEAPPSTUDIOK.K.）

10 音楽科に使えるアプリ

Beethoven Symphonies
HANXUE WU

ベートーベンの交響曲を聴くことができる。音楽の時間だけでなく、給食時間や創作活動中などに活用できる。クラシック音楽を聴くことができるアプリは多いので、作曲家名で検索してみよう。

ピアノ for iPhone
ZongMing Yang

シンプルな鍵盤。ピアノだけでなく、ギター、マリンバ、エレキベース、ハープなどの音を選ぶこともできる。演奏を録音して聞くことができるだけでなく、メールで送ることもできるのがすごい。

無料楽譜リーダー Pia Score
Hiroyuki Koike

電子楽譜を見るためのビューアー。クラシック音楽の楽譜多数を、無料でダウンロードすることができる。著作権についての説明を読んだうえで、使うことが大切。一部有料。

Smart Metronome & Tuner
Tomohiro Ihara

シンプルなデザインで、機能は充実しているメトロノーム。音は Wood, Drums, Digital など5種類から、色は15色から選べる。拍子、小節数、テンポを自由にプログラムできる。

RealDrum!
Rodrigo Kolb

シンバルやドラムを本当に演奏しているような感覚で楽しめるアプリ。▶ をタップすると、レッスンをすることができたり、デバイス内の曲に合わせて演奏したりすることができる。演奏を録音すると子どもたちは大喜びしていた。

Shazam- 音楽認識
Shazam Entertainment Ltd.

テレビやラジオから流れてくる音楽から曲名やアーティスト名を表示するアプリ。検索結果が表示されると曲の一部を聞くこともできる。Apple music と契約すると全曲を聴くことができる。

11 外国語に使えるアプリ

英会話や英単語を聞き流し
- 英語リスニング
Study Switch,Inc.

いろいろなニュースを英語で聞くことができる。再生速度は0.5倍, 0.8倍, 1.0倍, 1.2倍, 1.5倍, 2.0倍と切り替えられる。英文・日本文字幕なし, 英文のみなど画面表示は選択できる。

英語で子供たちのお気に入り600曲
Haiyan Hu

数百曲の英語曲を聴くことができる。歌詞は英語日本語共にないので, BGMなどに向いている。
曲名はアルファベット順に並んでいるので探しやすい。

英語リスニングの神:
英会話勉強学習 -RedKiwi
Hayan Mind Inc.

三段階の難易度を参考にして, 見たい動画を豊富な作品の中から選ぶ。台詞を聞き取って順に単語を選択して完成するクイズは, 正解するまで何度でも聞き返すことができる。

英語を学ぶことが幸せ
Haiyan Hu

英語の字幕付きの英語の曲が多数収録されているアプリ。楽しいアニメーションを見ながら一緒に歌うことができる。
動画の広告が流れるので, 直接子どもたちに見せる場合は広告なしの有料版がおすすめ。

Bitsboard
Innovative Investments Limited

英語学習を楽しめるアプリ。写真と音声が合っているかどうかの○×クイズや, 音声に合う写真を選ぶビンゴゲームなど豊富なメニューが用意されている。
より機能が充実した版もある。

LINE の英語通訳
NAVER JAPAN

日本語を入力すると, すぐに英文に翻訳してくれる。
LINE アプリをインストール → その他 → 公式アカウント→ CATEGORY →便利・ニュース→ LINE 英語通訳。

12 使えるアプリ：その他①

幹事を助けるビンゴマシーン
KEITAYASUI

ビンゴゲームに使えるシンプルなビンゴアプリ。ハイスピードで変化する数字を，画面をタッチすることで止める。画面下の「チェック」をクリックするとこれまでに出た数字が一覧表で確認できる。

カンペ Lite
Teraki Onoda

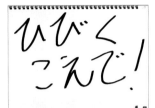

色は黒と茶の二色，太さは二種類から選べる。シンプルで使いやすい。写真として保存可能。一部分の消去はできない。

NHK 時計
NHK(Japan Broadcasting Corp.)

NHK のテレビ表示される時計そのままのアプリ。時報を鳴らすこともできる。

青版と木目版から選ぶことができる。iPhone や iPad を置時計代わりに使うことができて便利。

MyScriptCalculator
MyScript

画面に直接指で計算式を書くと，活字に変化し答えも出すアプリ。見てもやっても楽しい。Applepencil も使える。計算結果は，クリップボードにコピーするなどして保存可能。

ショートカットメモ帳
Kanako Kobayashi

ホーム画面にメモ帳をショートカットとして貼ることができる。メモ帳は四つのフォルダーに分かれていて内容によって整理できる。音声入力，写真保存もできる。メモは Twitter，Mail，Line などで共有可能。【iphone 専用】

歩数計 - 歩数計で 1 万歩 -
歩数計アプリでウォーキング 1 万歩
ITO Technologies,Inc.

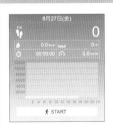

スマホに入れて歩くだけで，歩数，距離，消費カロリー，歩行時間，時速を自動で計測。歩幅を入力すると距離と時速がより正確に表示される。歩数，消費カロリーなどの情報はグラフで表現される。

第５章　授業に使えるおすすめアプリ

81

ヤフーオークション
Yahoo Japan Corporation

オークションは，単行本，雑誌，CD，切手，化石など授業づくりに役立つものを入手する方法の一つ。
偽ブランド品，不当に高い価格，購入者から評価が低い出品者などには注意したい。

名言格言 FREE
Li Guo

過去から現在まで，東西南北の人物が残した格言を読むことができる。

砂時計 Best Sand Timer
Serhii Simkovskyi

設定時間になった時の音楽をピアノ，ベルなどの美しい音楽から自由に設定できる。砂時計をイメージして作られている。キッチンタイマーなどの機能もある。

あの日から……あの日まで
Shohei Tatsuno

自分の誕生日から今日まで何年何カ月何日が経過したかを表示する。秒単位での表示も可能。未来の日時を設定すると，その日まで何年何カ月何日あるかを表示する。

Slido - Q & A and Polling
sli.dos.r.o

インターネットを通じて，リアルタイムで参加者は質問や感想を書き込むことができるし，講師は書き込まれたことを確認し講話に反映することができる。校内研や授業で活用できる。

あそんで学べるパズルシリーズ
Yoko Sato

人体模型パズル，日本地図クイズ，世界地図パズル，星座パズル，九九，アメリカ地図パズル，たし算パズなど，シンプルなパズルゲームで楽しめる。「あそんで学べる」で検索。

14 特別支援教育に使えるアプリ①

ナゾルート
Takayuki Mori

点線を上手になぞると乗り物が動く。線を引いたりなぞることが苦手な子のトレーニングに使える。
乗り物が動くアニメーションが子どもたちに人気だ。

CamFind
Cam Find Inc.

写真で物を撮ると，物の名前，類似品の写真を表示する。アルバム内の写真でも可能。物の名前に興味を持たせる学習に使える。
ダウンロード条件17歳以上。

Num25
DAI WEIJIE

ランダムに並ぶ1から25の数字を順に押してタイムが表示されるゲーム。数字の並び方がわかりにくい子どもに使える。
少しずつ時間が短くなるので子どもも喜んで挑戦する。

Let's 指文字 !!
Dream online Co.,Ltd.

指文字の一覧表「指文字ボード」はひらがな，カタカナ，アルファベット，数字に分かれていて検索しやすい。指文字を文字に，文字を指文字にする変換など練習問題が充実していて練習に使える。

手話で話そう！
手話付き生活絵本「1日のくらし」
Fumio Yoneyama

1日の生活を題材にした手話付き生活絵本。同じ作者による手話＆字幕付き生活絵本に1年の行事や活動を題材にした「1年のくらし」がある。字幕をつけることもできるので手話の練習にも使える。

点字早見表
Inhaus DS Co.,Ltd.

カナ，英数文字から必要な文字にタッチすると点字で表示されるシンプルな早見表。設定画面で「点字面」と「カナ文字の表示」と「無点のスタイル」の設定が変更可能。

15 特別支援教育に使えるアプリ②

えこみゅ
LITALICO Inc.

気持ちを伝える音声も聞けるカードが200枚。直接意思表示をするためにも，ことばの学習にも使える。自分で用意した写真と録音した音声でオリジナルカードも作れる。

Numbers Move
Noriyuki Moimoto

少しずつ動いているまる数字を順にタッチするゲーム。動体視力，周辺視野の訓練に使える。
子どもと一緒に挑戦することができるゲーム。

キッズ向け
動物のドットを接続のゲーム -Lite
IKC studio B.V.

数字を順につないでいくゲーム。算数学習や気持ちを落ち着かせたい時に使える。IKC studio B.V. の「子供のためのパズルをスライドさせる」などもおすすめ。

google earth
Google, Inc.

地球の全体像から現在地まで連続して拡大する画像が圧巻。理科や社会などで使うと地球の中の現在地を意識することができる。
家庭訪問の前にはストリートビューで道順を確認すると迷わない。

ワオっち！ランド
WAOCORPORATION

鳴き声から動物を当てる「どうぶつなあに」，なぞった文字がおひさまになる「きらきらもじ」など，2歳から7歳向けの知育ゲーム20種類以上。「おうちの方へ」にゲームの説明が書いてある。

Labyrinth 2 HD Lite
Illvsion Labs AB

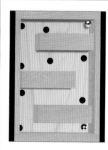

iPhone や iPad を傾けて玉をゴールへ動かすゲーム。集中力を高めるために使ったり気分転換に使ったりできる。

アプリには，無料のものと有料のものとがある。

　有料アプリのなかには，高額で気軽には購入できない物もあるが，たいていは百円から数百円で購入できる。価格通りの価値があるかどうかは，使ってみなければなかなかわからない。

　無料アプリのなかには，簡易版は無料で使えるが，すべての機能が使える完全版は有料になるものもある。いろいろと追加できる機能があり，そのなかから必要な機能を有料で使えるようにするシステムのアプリもある。

　アプリの価格はいつも同じではない。セールがあるのだ。

　セールには大きく分けて二つの種類がある。無料化と値下げである。それぞれ一時的なものと恒常的なものがある。

　必要なアプリを検索したとき，たまたまセール価格になっているという幸運もあるが，アプリのセール情報を公開しているウェブをチェックしてアプリを購入するのもおすすめだ。

　アプリは次々に開発され次々に新作が公開されている。また，一度公開されたアプリも，制作者により更新され，バージョンアップ情報が公開される。

　バージョンアップとは，機能が追加されたり問題点が解決されたりするなど，使う側にプラスの情報が多い。アプリの更新情報は，「App Store」の「アップロード」に自動的にリストアップされる。

　アプリは生きている。一度インストールしたら終わりではなく，有効活用しながら，バージョンアップの作業を怠らないようにしたい。

●著者紹介

蔵満逸司

1961 年鹿児島県生まれ。国立大学法人琉球大学教職大学院准教授。沖縄大学非常勤講師。元鹿児島県小学校教諭 (29 年勤務)

■著書

『奄美まるごと小百科』『奄美食 (うまいもの) 紀行』『奄美もの知りクイズ 350 問』『鹿児島もの知りクイズ 350 問』『鹿児島の歩き方鹿児島市篇』(以上 , 南方新社),『授業のツボがよくわかる算数の授業技術高学年』(以上 , 学事出版),『小学校 1・2・3 年の楽しい学級通信のアイデア 48』『小学校 4・5・6 年の楽しい学級通信のアイデア 48』『見やすくきれいな小学生の教科別ノート指導』『特別支援教育を意識した小学校の授業づくり・板書・ノート指導』『教師のための iPhone & iPad 超かんたん活用術』『ワークシート付きかしこい子に育てる新聞を使った授業プラン 30+ 学習ゲーム 7』『小学校プログラミング教育の考え方・進め方』『小学校 授業が盛り上がるほぼ毎日学習クイズ BEST365』『インクルーシブな視点を生かした学級づくり・授業づくり』『GIGA スクールで変わる授業づくり入門』(以上 , 黎明書房),『おいしい！授業 -70 のアイデア & スパイス +1 小学校 1・2 年』(フォーラム A),『ミナミさんちのクイズスペシャル』1,2,3(以上 , 南日本新聞社 * 非売品)

■ DVD

『演劇・パフォーマンス系導入パターン』『実践！ミニネタアイディア集 (算数編)2 巻』(以上 , ジャパンライム社)

■共著

『42 の出題パターンで楽しむ痛快社会科クイズ 608』『クイズの出し方大辞典付き笑って楽しむ体育クイズ 417』(以上 , 黎明書房)

■編著書

上條晴夫監修『小学校算数の学習ゲーム集』『算数の授業ミニネタ & コツ 101』(以上 , 学事出版)

■算数教科書編集委員

かいていしんぱん　　きょうし　　　　　　　　　　アイフォーン　　　　アイパッドちょう　　　かつようじゅつ
改訂新版　教師のための iPhone & iPad 超 かんたん活 用 術

2021 年 12 月 10 日　初版発行　　著　者　　蔵　満　逸　司
　　　　　　　　　　　　　　　　　発行者　　武　馬　久　仁　裕
　　　　　　　　　　　　　　　　　印　刷　　藤原印刷株式会社
　　　　　　　　　　　　　　　　　製　本　　協栄製本工業株式会社

発　行　所　　　　　株式会社　黎　明　書　房

〒 460-0002　名古屋市中区丸の内 3-6-27　EBS ビル
　　　　☎ 052-962-3045　FAX 052-951-9065　振替・00880-1-59001
〒 101-0047　東京連絡所・千代田区内神田 1-4-9　松苗ビル 4 階
　　　　　　　　　　　　　　　　　　　　　　☎ 03-3268-3470